추천사

구충섭 맥주 수입사 'KnR코리아' 대표 / 국내 1호 비어소믈리에

학저비님을 맥주에 대한 Heavy 블로거로만 생각해 오다가, 얼마 전 실제로 만났습니다. 직장인이 맥주를 좋아해도 이렇게까지 직접 찾아다니며 섭렵하는 것은 흔치 않은 케이스라 상당히 놀라웠습니다. 저조차도 유럽에서 가기 어려운 곳들을 두루 방문하고 그것을 이렇게 참신한 글로 옮겨 놓은 것에 대해 경의를 표합니다. 맥주를 좋아하고 즐기고 있는 분이라면 꼭 읽어보길 추천합니다!

프레데릭 휘센 Frederic Huyssen 대전 '더 랜치 브루잉' 대표

This is the essential travel book for Belgian-inspired beerlovers. Short of revealing ancestral secret recipes, it covers cities, breweries, restaurants, local cultures, and much more. Even if you do not have time to travel, this book is a valuable resource as it also introduces many of the hidden gems available in Korea.

부제만 한양대학교 경영대학 교수

맥주를 잘 모르는 초보자도 즐겁게 읽을 수 있는 이야기. 읽다 보면 낭만적인 유럽 한복판을 거닐고 있는 듯한 느낌이 물씬 풍긴다. 그리고 어느새 유럽 맥주여행을 계획하고 있는 나를 발견할 수 있다.

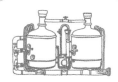

유건휘 벨기에 맥주 전문 펍 '누바' 대표

라거뿐이었던 맥주시장이었지만 이제는 전 세계의 맥주를 한국에서 마실 수 있게 되었습니다. 마냥 취하는 술보다는 개인의 취향에 따라, 수많은 나라의 다양한 특색을 맛볼 수 있습니다. 그중에서도 벨기에 맥주는 효모 숙성으로 맛을 내며 전통적인 레시피를 이어가는 장인정신으로 만드는 아티잔 에일입니다. 이 책을 통해 벨지안 아티잔 에일의 매력에 한 발 더 가까워지셨으면 좋겠습니다.

김태원 인스타그래머 @grandnim '맥덕의 수제맥주 탐구생활'

맥주를 사랑하는 덕후들에게 바치는 맥주 명소 탐방기! 유럽 맥주여행을 준비하는 여행자들을 위한 바이블! 저도 이 책 들고 유럽 펍크롤링 갑니다!

최우석 월간조선 기자

세계 최고의 맥주 성지라 불리는 곳의 펍과 양조장, 레스토랑과 수도원에는 어떤 볼거리와 먹거리가 있는지, 코스와 숙소 등은 어떻게 짰는지, 맥주 여행 설계를 하고 싶지만 감이 안 잡히는 분들에게 적극 추천한다!

베네룩스 맥주 산책

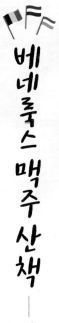

베네룩스 맥주 산책

이현수 지음

MADE
MIND

평범한 회사원이
유럽 맥주를 찾아 떠난 이유

고백하건대 나는 5년 전만 하더라도 맥주에 대해 아는 것이 없었다. 콜라병을 바라보는 부시맨 수준은 아니더라도 맥주에 대한 특별한 인식 자체가 없었다고 할까. 그저 소주와 막걸리 중에 골라 마시는 술, 어쩌다 회식 자리에서 소주와 말아먹는 술 정도로만 생각하고 있었던 것이다.

집과 회사를 반복하는 평범한 회사원인 내가 어쩌다 맥주에 이렇게 흠뻑 빠져 유럽의 맥주 성지라 불리는 곳까지 떠나게 되었을까. 단순히 한때의 호기였을까, 유행을 좇는 값비싼 취미활동이었을까.

돌이켜보면 당시의 여자친구였던 지금의 아내와 함께 독일과 체코 여행을 갔던 것이 시작이었다. 당시 매일 밤 여행의 피로를 풀기 위해 커다란 잔을 가득 채워 마신 맥주는 구수하면서도 깊은 풍미의 세계를 경험하게 해 주었다. 그곳에서의 강렬한 체험을 계기로 맥주에 대한 관심이 커지던 차에, 마침 한국의 맥주 시장도 다이내믹한 변화가 일고 있었다. 봉구비어를 필두로 스몰비어 붐이 일어났고, 편의점과 마트에서는 수입맥주 4캔 만원 묶음 판매를 하면서 세계적인 맥주들을 부담 없

이 즐길 수 있게 되었다. 또한 국내에서도 크래프트 브루어리들이 하나 둘씩 자리를 잡아가면서, 이전보다 훨씬 다채로운 맛을 즐길 수 있는 환경이 갖춰져 맥주 애호가들의 기반이 커지고 있었다.

당시 내가 즐겨마시던 맥주는 평범한 라거 스타일로, 사실 맥주보다는 맥주잔에 관심이 많았다. 일주일에 한 번씩 바틀샵에 들러 사은품으로 맥주잔을 받아오는 것이 회사 업무로 지친 나를 위로하는 힐링 코스가 되어 있었다. 마음에 드는 잔을 얻기 위해 어쩔 수 없이 구입한 맥주를 하나둘씩 맛보다 보니, 그때마다 '이것도 벨기에 맥주였어?'하며 놀라곤 했다.

밝은 색을 띠면서 쿰쿰한 맛이 나는 맥주, 와인처럼 빨간 빛깔의 시큼한 맥주, 10도 이상의 높은 도수임에도 향긋하고 달콤한 맛이 나는 맥주, 심지어 즐겨 마시던 호가든까지도 모두 벨기에 맥주라는 사실이 신기할 정도였다. 처음 접하는 스타일을 맛볼 때마다 인터넷 검색이나 책을 보며 맥주 세계에 대해 조금씩 알게 됐고, 커뮤니티에서 가입해 애호가들과 이야기를 나누는 등 어느새 맥주잔이 아닌 맥주 자체에 푹 빠지게 되었다.

벨기에 맥주는 독특하고 깊은 풍미도 인상적이었지만, 스타일별로

하나씩 알아가는 소위 도장 깨는 재미도 쏠쏠했다. 마치 산악가들이 세계 최고봉 히말라야의 봉우리들을 하나씩 정복해 가는 희열이 이런 기분일까.

특히 호기심을 크게 자극한 것은 바로 맥주의 최고봉이라고 불리는 트라피스트 맥주! 수백 년의 역사를 가진 수도원에서 전통방식으로 만드는 맥주라니. 국내에도 트라피스트의 일부가 수입되고 있었지만, 수도원에서 직접 맛보는 경험은 어떤 기분일까 하는 호기심이 이미 가득 차 있었다. 그렇게 벨기에에 대한 관심과 환상은 점점 커져만 갔고, 현지에서 트라피스트 맥주를 비롯한 다양한 맥주들을 직접 맛보고 싶다는 막연한 바람을 점차 계획으로 옮기게 됐다.

직장인인 나는, 다시는 쉽게 돌아오질 않을 10일간의 황금연휴가 이어진 2017년 10월, 아껴두었던 휴가를 덧붙여 2주간의 여행을 떠나기로 했다. 맥주의 나라로 불리는 독일, 1인당 맥주 소비량이 최고인 체코, 펍 문화를 대표하는 영국 등 쟁쟁한 맥주 강국들이 있었지만, 그중에서도 목적지로 고민 없이 선택할 수 있었던 곳은 바로 벨기에였다.

바로 옆에 붙어있는 네덜란드는 이번 여행의 중심이 되는 트라피스트 수도원 중 두 곳이 위치하고 있고, 크래프트 맥주의 최근 트렌드와 소규모 브루어리들의 빠른 성장을 체험할 수 있는 곳이었다. 게다가 한국에서 벨기에로 떠나는 것은 네덜란드를 경유하는 것이 가장 효율적인 방법이기 때문에 자연스럽게 두 나라는 함께 여행하는 것은 운명이 아닐까 싶을 정도였다.

그렇게 여행이 결정되자 트라피스트 수도원과 벨기에 유명 양조장에 대한 방문 정보를 매일 틈나는 대로 찾아보았다. 그런데 맥주여행을 다녀온 사람들의 후기를 보면, 대부분 짧은 기간 동안 몇 곳 정도만 방문한 것이 전부였다. 나는 최대한 많은 곳을 방문하는 것이 목표였는데, 다행히도 벨기에와 네덜란드는 국토가 넓지 않아 일정과 동선을 잘 짠다면 2주 동안 상당수의 맥주 명소를 방문할 수 있고, 이에 대한 여행기도 작성할 수 있겠다는 생각이 들었다.

이 책에서는 직접 둘러 본 트라피스트 수도원을 중심으로 벨기에와 네덜란드의 유명 브루어리 및 펍을 총괄하여 정리하였다. 이곳으로 맥주 여행을 떠나는 사람들에게는 길잡이가 될 것이고, 꼭 맥주가 아니더라도 여행 중에 괜찮은 펍에서 맥주 한 잔으로 하루를 마무리하고 싶은 사람들에게도 참고가 되었으면 한다. 그리고 여건 상 여행을 떠나지는 못하지만, 맥주를 좋아하는 사람이라면 이 책과 함께 가벼운 마음으로 맥주 산책에 동행해보길 바란다.

Contents

Course.1

맥주 산책을
베네룩스에서?

유럽의 작은 거인
베네룩스

벨기에Belgium, 네덜란드Netherlands, 룩셈부르크Luxembourg.
제2차 세계대전 중 이 세 나라는 모두 소규모 국가로서 군사적으로나 경제적으로 자립이 곤란한 상태였다. 게다가 지리적으로 밀접하기 때문에 위기가 오면 공동운명에 놓이게 되었는데, 이를 극복하기 위해 먼저 상호간의 관세를 철폐하는 협약을 맺으면서 '베네룩스Benelux 관세동맹'이라는 명칭이 생겨났다. 이 동맹체제는 유럽의 연합모델로서 좋은 평가를 얻었으며, 이를 모델로 유럽 공동체가 발전하는데, 이는 현재 유럽연합(EU)의 원형이라고 할 수 있다.

　이렇게 작지만 똘똘 뭉친 베네룩스는 맥주를 논할 때도 빼놓을 수 없는 곳이다. 먼저 이번 맥주여행에서 중심이 되는 벨기에의 맥주 브랜드는 약 500개이며, 1500가지 이상의 종류를 생산하고 있다. 이 맥주들을 스타일별로 분류하면 무려 50가지 정도가 된다(전 세계 맥주는 약 100가지의 스타일로 분류되는데, 이 중 절반가량을 벨기에가 보유하고 있는 셈이다). 벨기에에서 이처럼 다양한 맥주 스타일이 탄생할 수 있었던 이유 중 하나는 문화의 다양성이다. 프랑스, 독일, 네덜란드, 룩셈부르크 등 여러 나라와 국경을 맞대고 있는 벨기에는 서유럽

네덜란드

벨기에

룩셈부르크

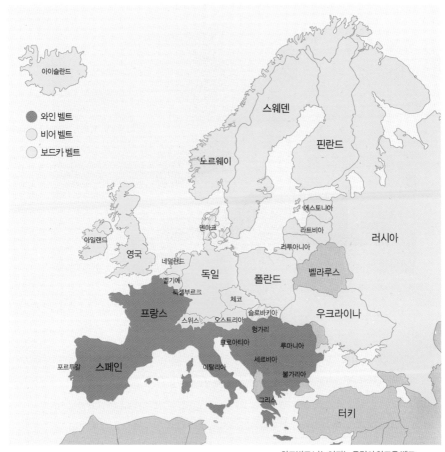

위도별로 나누어지는 유럽의 알코올 벨트

의 교통과 무역의 요충지 역할을 하면서 자연스럽게 다채로운 문화가 들어오게
되었고 맥주 문화 역시 마찬가지였다.

　또 한 가지 주목할 점은 맥주순수령의 영향을 받지 않았다는 것이다. 물과 보
리, 홉만으로 맥주를 만들어야 한다는 맥주순수령은 특히 독일 맥주를 획일적
으로 만드는 결정적인 역할을 하였다. 하지만 이 영향으로부터 자유로웠던 벨
기에는 다양한 재료를 활용한 제조법을 시도해오면서 수많은 종류를 탄생시켰

동두천시에 위치한 벨기에-룩셈부르크 참전기념탑

다. 또한 라거와 필스너 등 대중에게 인기 있는 스타일에 치중하기보다 지역 특성이 담겨있거나 전통방식을 유지하면서 개성 있는 스타일을 만드는데 노력을 기울인 덕분에 지금과 같이 맥주 마니아들을 열광하게 만드는 다채로운 스타일이 이어져올 수 있었다. 미국의 맥주들을 현대의 로큰롤이라고 비유한다면 벨기에는 오케스트라와 클래식이라고 할 수 있지 않을까.

유럽으로 떠나는 맥주 여행에서 네덜란드도 빠질 수 없다. 하이네켄으로 대표되는 네덜란드는 약 500여 개의 맥주 브랜드를 보유하고 있으며 세계에서 가장 많이 맥주를 수출하고 있는 나라 중 하나이다. 또한 수도인 암스테르담을 중심으로 크래프트 브루어리(소규모 양조장)들도 크게 성장하고 있는 만큼, 맥주의 트렌드를 몸소 체험해 볼 수 있는 곳이기도 하다.

마지막으로 룩셈부르크. 유명 밴드의 노래 가사 덕분에 우리 귀에 익숙한 룩셈부르크는 인구 60만 명 정도의 소규모 국가로, 사실 주변의 맥주 강국들 사이에서 맥주로는 이렇다 내세울 만한 것이 없는 나라이다. 그러나 베네룩스는 서로 매우 인접해 있어 반드시 맥주가 아니더라도 하나의 패키지로서 여행하기에 무척 좋은 코스다.

한편 베네룩스 3국은 우리나라와 깊은 인연이 있는 국가들이다. 바로 한국전쟁에 참전한 나라들이라는 점. 특히 네덜란드와 벨기에는 각각 5322명, 3498명이라는 대규모의 병력이 참전하여 큰 전과를 올렸으며, 룩셈부르크는 당시 20만 명이라는 적은 인구에도 불구하고 89명이 벨기에군에 소속되어 참전하였다. 지금의 우리를 있게 도운 나라들로 한켠에 고마운 마음을 갖고 맥주 여행을 한다면 좀 더 의미 있는 여행이 되지 않을까.

베네룩스 삼국지

▮▮ Belgium 벨기에

유럽 여러 나라와 맞닿아 있는 편리한 위치 때문에 중세시대부터 자유로운 상공업이 발달하였으며, 주변국들이 야욕을 펼치는 시기에는 나라 전체가 전쟁터가 되기도 했다.

9세기 무렵에 샤를마뉴 대제에게 정복된 벨기에는 베네룩스 지역의 상업 중심 도시로서 크게 번성하였다. 그러나 16세기 에스파냐의 영토가 된 뒤, 18세기 초기에는 오스트리아, 말기에는 프랑스의 지배를 차례로 받았다. 나폴레옹이 벨기에 남부 워털루 전쟁에서 패하자 유럽의 열강들은 프랑스를 견제하고자 벨기에와 네덜란드를 합병하게 되면서 벨기에는 네덜란드의 지배를 받게 된다. 1830년 프랑스 혁명에 자극을 받은 벨기에인들은 투쟁을 전개하였고, 벨기에 혁명을 통해 드디어 네덜란드로부터 독립하였다.

▬▬ Netherlands 네덜란드

네덜란드는 예로부터 자유와 상공업을 중요시해왔다. 유럽의 관문 역할을 맡아 해상 무역의 번영을 이루기 위해 평화와 관용을 지켜왔으며, 이 나라를 찾는 외국 무역상의 입장을 인정하는 일이 중요하였다.

중세기까지는 작은 공국들로 이루어져 있었는데, 13세기 말부터 부르고뉴가의 필립 공이 현재의 베네룩스 지역을 지배하였다. 이후 네덜란드는 루터의

네덜란드 연합왕국으로부터의
독립을 쟁취한 벨기에 혁명

종교개혁의 영향으로 신교를 받아들였지만, 네덜란드를 통치하고 있던 에스파냐의 펠리페2세가 가톨릭을 믿도록 강요하는 일이 발생했다. 17개의 주 가운데 북부의 7개주가 이에 반발하여 위트레흐트 동맹을 맺고 70년간 독립전쟁을 벌여 1648년 신생국가로 인정받게 되었다. 이후 네덜란드는 세계 최대의 해항이었던 암스테르담을 통해 황금시대를 맞이하게 된다. 제2차 세계 대전 당시 나치 독일의 지배하에 들어가기도 했지만, 종전 후 유럽에서도 가장 개방적인 행보를 보이며 수많은 외국인과 기업들을 받아들여 경제강국으로 성장하였다.

Luxemburg 룩셈부르크

룩셈부르크는 나폴레옹이 유럽의 골동품이라고 불렀던 아주 작은 나라였지만 오랫동안 독립국의 지위를 쟁취하기 위해 각고의 노력을 해왔다. '작은 성'을 의미하는 레체부르크Letzeburg에서 나라의 이름이 유래한 것처럼 10세기 무렵부터 유럽에서 가장 견고한 성채를 구축하며 15세기까지 독립을 유지했다. 이후 열강들이 활개를 펼치던 시기 부르고뉴가를 시작으로 에스파냐, 프랑스, 오스트리아 등의 지배를 받았다. 1867년 런던조약으로 대공국으로서 중립의 지위를 얻게 되지만, 두 차례의 세계대전에서 독일에 점령당하기도 하였다. 종전 이후에는 세계 각국의 은행들이 활발히 진출하여 국제금융의 거점이 되었다. 은행으로부터 받는 법인세가 국가수입의 약 10%를 차지하며, 세계에서 국민소득이 가장 높은 나라로 손꼽히고 있다.

Course. 2
학저비의
맥주 이야기

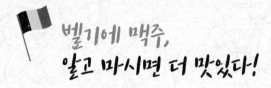

벨기에 맥주,
알고 마시면 더 맛있다!

오늘날의 맥주 스타일은 마니아들 사이에 맥주 지도_{beer map}가 있을 정도로 상당히 세분화되어 있다. 대략 100가지 정도로 분류할 수 있으나 실제로는 무 자르듯이 정확하게 나눌 수는 없다. 특히 벨기에 맥주는 스타일의 경계가 불분명한 경우가 많은데, 2~3가지 스타일의 특징을 모두 가지거나 평가하는 사람마다 다르게 분류하기 때문이다. 여기서 소개하는 스타일 분류는 미국의 맥주 판별 자격 검정 기관인 BJCP_{Beer Judge Certification Program}에서 만든 가이드를 참고하여 필자의 관점에서 나눈 것이므로 다른 자료들과 다소 차이는 있을 수 있다.

벨지안 화이트 Belgian White

- ♠ 대표 맥주 : 호가든(Hoegaarden)
- ♠ 전반적인 느낌 : 달콤, 향긋, 산뜻, 과일 껍질향
  도수 : 4.5~5.5%
- ♠ 설명 : 독일식 밀맥주(바이젠)와 대비됨
  맥아(밀/보리), 홉, 물로만 만든 독일식 밀맥주와 달리
  고수, 오렌지 껍질 등이 들어가 특유의 풍미를 만들어 냄

Blanc (블랑)	프랑스어, White를 의미
Witbier (윗비어)	네덜란드어/ 플라망어, Wit은 White를 의미 ※ 플라망어 : 벨기에 북부에서 사용하는 네덜란드어
Belgian White	영어

벨지안 블론드 에일 Belgian Blonde Ale

- ♠ 대표 맥주 : 레페 블론드(Leffe Blonde)
- ♠ 전반적인 느낌 : 달고 부드러움. 벨기에 에일의 기본
  도수 : 6.0~7.5%
- ♠ 설명 : 벨기에 에일의 입문용으로 적절
  대중적 맥주인 라거와 필스너에 대응하기 위해
  편하게 마실 수 있도록 만든 스타일

Blonde(블론드)	영어 = 프랑스어 = 네덜란드어 금발머리라는 의미
Brune(브륀) (brown/bruin/brune)	Blonde의 짝꿍. 갈색을 뜻함 (영어/네덜란드어/프랑스어)

벨지안 골든 스트롱 에일 Belgian Golden Strong Ale

♠ 대표 맥주 : 듀벨(Duvel)

♠ 전반적인 느낌 : 높은 도수 대비 향긋하고 청량함
　도수 : 7.5~10.5%

♠ 설명 : 벨지안 블론드 에일의 강화 버전으로, 맛이 유사함
　라거와 필스너처럼 청량감 있는 맥주를 찾는 시대 요구에
　의해 개발된 스타일
　듀벨 맥주를 필두로 하나의 스타일로 자리 잡음

악마(Devel)를 의미하는 네덜란드어 Duvel
듀벨 외에도 부정적인 이름을 갖고 있는 경우가 있음
Ex) Delirium Tremens(알코올 정신병)

벨지안 페일 에일 Belgian Pale Ale

♠ 대표 맥주 : 드 코닉 페일 에일(De Konnick Pale Ale)

♠ 전반적인 느낌 : 낮은 도수로서 마시기 편함
　도수 : 4.8~5.5%

♠ 설명 : 다른 스타일에 비해 뚜렷한 특징이 부족하지만
　향과 맛이 전체적으로 균형 잡힌 스타일
　낮은 도수와 마시기 편한 덕에 일상적으로
　마시는 맥주가 됨
　미국식 페일 에일과 달리 홉 향은 거의 없음

벨기에 특정 지역 외에는 시중에서
찾아보기가 힘든 편임

벨지안 IPA Belgian India Pale Ale

♠ 대표 맥주 : 호퍼스(Hopus)

♠ 전반적인 느낌 : 알싸한 향과 쌉쌀한 홉의 조화
도수 : 6.2~9.5%

♠ 설명 : 벨기에 에일에 홉을 많이 넣어 만들어낸 스타일
미국의 IPA(신식)와 벨기에 에일(전통)의 만남
쌉쌀한 홉 향이 주를 이루는 미국식 IPA와 달리,
벨기에 에일 특유의 향이 함께 느껴짐

> 독일도 헤페바이젠과 IPA를 결합한 맥주가 있으나('슈나이
> 더 호펜바이세'가 대표적) 상업화된 브랜드가 많이 없음
> 반면, 벨지안IPA는 하나의 스타일로 자리 잡게 됨

엥켈 Enkel

♠ 대표 맥주 : 시메이 골드(Chimay gold)

♠ 전반적인 느낌 : 저도수, 낮은 풍미, 블론드와 유사
도수 : 4.8~6.0%

♠ 설명 : 수도원에서 수도승들의 자체 소비를 위해 만들
어진 맥주로서, 저도수이기 때문에 마시기가 편함
시중에서는 거의 구할 수 없으며, 일부 수도원에서 생
맥주를 마실 수 있음. Trappist Single로도 불림

벨기에 수도원 맥주의 4가지 대표 스타일

	네덜란드어	영어	도수
1단계	엥켈 (Enkel)	Single	4.8~6.8%
2단계	듀벨 (Dubbel)	Double	6.0~7.6%
3단계	트리펠 (Tripel)	Triple	7.5~9.5%
4단계	쿼드루펠 (Quadrupel)	Quadruple	8.0~12.0%

듀벨 Dubbel

- ♠ 대표 맥주 : 베스트말레 듀벨(Westmalle Dubbel)

- ♠ 전반적인 느낌 : 갈색, 달짝지근, 검붉은 과일 향
  도수 : 6.0~7.6%

- ♠ 설명 : 수도승 자체 소비용 맥주인 엥켈을 강화한 버전
  건포도, 체리 같은 검붉은 과일 향이 특징
  벨기에 여러 수도원에서 근간으로 하는 스타일
  듀벨은 벨지안 다크 에일(Belgian Dark Ale)로도 불림

  18세기 중반 베스트말레 수도원에서 처음 상업적으로
  출시하였으며, 그 후 여러 곳에서 모방하며 널리 퍼지게 됨

트리펠 Tripel

- ♠ 대표 맥주 : 트리펠 카르멜리엇(Tripel Karmeliet)

- ♠ 전반적인 느낌 : 밝은 색상을 띄고 꽃향기가 가득함
  도수 : 7.5~9.5%

- ♠ 설명 : 듀벨에 비해 가볍고 산뜻함
  도수는 높지만 마실 때 독하다는 느낌이 거의 없음
  도수가 높은 맥주 = '진한 색+독한 맛'이라는 막연한
  편견을 깸
  듀벨과 마찬가지로 베스트말레에서 시작하여
  널리 퍼지게 됨

  트리펠은 상큼하면서도 고급스러운 스타일로서,
  특히 여성들에게 인기가 많음

쿼드루펠 Quadrupel

♠ 대표 맥주 : 시메이 블루(Chimay Blue)
♠ 전반적인 느낌 : 벨기에 맥주의 최고봉으로 평가받음
　　도수 : 8.0~12.0%
♠ 설명 : 색상은 듀벨과 비슷하지만, 훨씬 묵직하고 풍
　　미가 강함
　　두껍고 진득한 질감, 깊숙한 맛을 가지고 있어서 높은
　　평가를 받으며 벨기에 맥주의 끝판왕으로 불림
　　쿼드루펠은 벨지안 다크 스트롱 에일(Belgian Dark
　　Strong Ale)로도 불림

> 트라피스트 맥주중에서도 최고봉으로 꼽히며, 맥주평가 사이트
> 에서 단연 세계 1등인 베스트블레테렌12(Westvleteren 12)
> 현지에서도 한정 판매를 하기 때문에 매우 귀한 맥주

세종 Saison

♠ 대표 맥주 : 세종 듀퐁(Saison Dupont)
♠ 전반적인 느낌 : 상쾌한 느낌과 효모 특유의 알싸함
　　도수 : 5.0~7.0%
♠ 설명 : 농부들이 여름철 밭일을 하며 마셨던 맥주
　　과일과 허브향이 느껴지고 일반적으로 높은 탄산감을
　　가지며 효모 특유의 알싸함 또는 쿰쿰함이 느껴짐

> 프랑스어로 Saison은 계절(Season)을 의미함
> 우리나라에 막걸리가 있다면 벨기에에는 세종이 있음

플랜더스 레드 에일 Flanders Red Ale

♠ 대표 맥주 : 듀체스 드 부르고뉴(Duchesse de Bourgogne)

♠ 전반적인 느낌 : 이게 맥주라고? 와인 같은 풍미
　도수 : 4.6~6.5%

♠ 설명 : 젖산균으로 만든 사워 맥주의 한 종류로서,
　감식초 같은 시큼함이 느껴짐
　3년 정도 숙성한 묵은 것과 6개월 된 것을 섞어서
　신맛을 중화하고 감칠맛을 나도록 함

〈플랜더스 우트 브륀(Flanders Oud Bruin)〉
플랜더스 '브라운' 에일로도 불리며, 플랜더스 레드 에일의 사촌
플랜더스 레드 에일에 비해 신맛이 조금 적고, 단맛을 가짐

스트레이트 람빅 Straight Lambic

♠ 대표 맥주 : 시중에서 구하기 어려움. 양조장에서 직접 시음

♠ 전반적인 느낌 : 섞이지 않은 원주
　도수 : 5.0~6.5%

♠ 설명 : 하나의 오크통에서 나온 자연 그대로의 맥주
　언블렌디드 람빅(Unblended Lambic)으로도 불림
　블렌딩을 하거나 첨가물을 넣는 과정이 없는 것이 특징이며
　양조장마다 취급하는 스트레이트 람빅의 연식이 다름
　텁텁하거나 밋밋한 느낌이 많이 느껴짐

스트레이트 람빅은 시중에 병으로 판매되는 경우는 거의 없으며, 양조
장에서 즉석으로 마시거나 양조장 내 테이스팅 룸에서 마실 수 있음

괴즈 Gueuze

♠ 대표 맥주 : 칸티용 괴즈(Cantillon Gueuze)

♠ 전반적인 느낌 : 중독성 있는 시큼한 맛
도수 : 5.0~8.0%

♠ 설명 : 1년 이하의 숙성을 거친 Young Lambic과
2~3년의 숙성을 거친 Old Lambic을 섞음
병입 후 병안에서 발효를 거치며 탄산이 생김
약간의 탄산감이 느껴지며 신맛이 강함

양조장마다 블렌딩하는 레시피가 다르기 때문에 특색이 모두 다름
칸티용과 드리 폰테이넨이 가장 인기있는 양조장

크릭 Kriek

♠ 대표 맥주 : 드리 폰테이넨 우드 크릭 (3 Fonteinen Oude Kriek)

♠ 전반적인 느낌 : 시큼한 체리 맥주
도수 : 5.0~7.0%

♠ 설명 : 괴즈 맥주에 체리를 첨가한 맥주
과일을 첨가한 프룻 람빅(Fruit Lambic) 중 가장 대표적인 스타일

첨가한 과일에 따라 프룻 람빅의 이름이 결정됨.
크릭(Kriek): 체리, 프람브와즈(Framboise): 라즈베리,
뻬쉬(Pêche): 복숭아, 카시스(Cassis): 블랙 커런트, 폼(Pomme): 사과
과일이 아닌 흑설탕/빙설탕을 넣은 파로(Faro)도 있음

수도승들이 전통방식으로 생산하는 맥주?

맥주 애호가들이 열광하는 트라피스트는 도대체 어떤 맥주일까?
트라피스트 맥주를 알아보기 전에 그 배경이 되는 수도회와 수도원에 대해 간략히 이야기할 필요가 있다. 수도회는 종교생활을 하는 조직 또는 단체를 의미하는데, 가톨릭 수도회의 성직자와 수사_{남자 수도승}, 수녀_{여자 수도승}가 속해 생활하는 공간이 바로 수도원이다. 그리고 수도회에는 구성원들이 따라야 하는 회칙이 있다. 가톨릭의 수도회는 수십 개가 존재하는데, 맥주의 역사와 관련된 3곳만 알아보자.

먼저 가톨릭의 가장 대표적인 수도회인 베네딕토회는 529년경 베네딕트 성인에 의해 창설되었다. '기도하고 일하라'는 생활규범을 모토로 하고 있으며, 이 규율을 따르는 여러 수도원들이 생겨나면서 거대한 베네딕토 연합회를 이루게 되었다.

수도원들은 중세시대를 거치며 규모와 권력이 커져갔는데, 베네딕토회 역시 마찬가지였다. 그러나 막강한 권력 때문에 오히려 점차 부패하고 규율이 느슨해지는 모습에 환멸을 느낀 어느 수도원 원장은 1098년 수사 20명과 함께 시토회라는 새로운 수도회를 창설하게 된다. 이후 성 베르나르도_{St. Bernardus}가 이곳의 대수도원 원장으로 임명되면서 시토회는 급격한 발전을 이뤄 여러 나라로 퍼져나

Tip Box

그런데 왜 수도승들은 맥주를 만들게 되었을까?
자급자족하는 것을 수행의 일부로 생각한 수도승들은 노동을 통해 실생활 용품을 직접 만들었는데, 맥주도 그중 하나였다. 고된 금식 기간 동안 액체 섭취는 계율에 반하지 않는다고 하여 곡물로 빚은 맥주를 마셔 영양섭취를 했던 것도 중요한 이유였다.

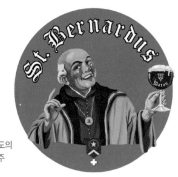

시토회의 번영을 이끈 성 베르나르도의
그림이 새겨진 세인트 버나두스 맥주

갔다. 그러나 시토회 역시 12세기 말부터 수도회의 성격이 점차 변질되기 시
작한다.

　17세기에 들어서는 시토회도 본연의 모습을 거의 잃고 마는데, 수도원의 쇄
신을 주장한 라트라페La Trappe의 대수도원 원장은 1664년 '엄률시토회'를 창설하
게 된다. 엄률시토회는 수도회의 발상지인 트라프Trappe의 이름을 따서 '트라피스
트Trappist'라고 불리며 '기도하고 일하라'라는 베네틱토회의 규칙을 계속해서 지
켜갔다. 치즈, 빵, 꿀, 맥주 등의 식품을 비롯해 화장품, 종교 제품 등 품질 높은
다양한 제품을 만들어 생활을 영위해왔다. 바로 이 엄률시토회에서 만드는 맥
주가 트라피스트 맥주이다.

베네딕토회 ➡ 시토회 ➡ 엄률시토회(트라피스트회)

　참고로 엄률시토회는 현재 전 세계 약 175개의 수도원이 존재하고 있으며,
한국에는 마산에 수녀들이 생활하는 수도원이 있다.

수도원 인증 마크 ITA와 ATP

1997년 트라피스트회 수도원들 중에서 상업적인 제품을 판매하는 20개의 수도원이 모여 국제 트라피스트 협회인 ITA International Trappist Association를 창설하였다. 그리고 아래와 같은 조건을 만족하는 상품에 대해서만 ATP Authentic Trappist Product라는 로고를 부여하였다.

1. 수도원 내 또는 수도원 인근에서 생산할 것
2. 수도원에서 정책을 결정하고 생산수단을 제공하며, 생산 과정이 적합한지 입증되어야 하고, 수도원 생활방식에 맞도록 사업을 진행할 것
3. 이윤은 지역사회와 복지를 위해 사용할 것

19세기 접어들어 트라피스트 맥주의 인기가 높아지자 여러 양조장에서 트라피스트라는 단어를 이용해 맥주를 홍보하기 시작했다. 이러한 행태를 방지하고 기존 트라피스트 수도원 맥주의 입지를 공고히 하기 위해 ATP 로고를 만든 것이다.

ATP 로고는 치즈, 와인, 빵 등 여러 제품에 사용되지만 실질적으로는 맥주를 위한 로고라고 볼 수 있다. 2018년 현재 ITA 맥주를 생산하는 수도원은 12곳이며, 그중 11곳의 맥주가 ATP 로고를 부여받고 있다.

🚩 Tip Box
ATP 로고 인증을 받은 수도원 – 아헬, 시메이, 엥겔스젤(Engelszell), 라트라페, 오르발, 로슈포르, 스펜서(Spencer), 트레 폰타네(Tre Fontane), 베스트말레, 베스트블레테렌, 준데르트

유일하게 로고를 받지 못한 트라피스트 수도원의 맥주는 몽데캇Mont des Cats으로, 자신의 수도원이 아닌 시메이 수도원에서 생산되고 있어서 로고를 받기 위한 첫 번째 조건을 만족하지 못하고 있다.

그렇다면 트라피스트 맥주는 12개일까, 아니면 11개로 봐야 할까?

정확하게 말하면 트라피스트 맥주는 12개이고, 그중 11개가 ATP 로고를 가지고 있다고 할 수 있다. 그러나 일반적으로 '트라피스트'라는 단어에는 'ATP

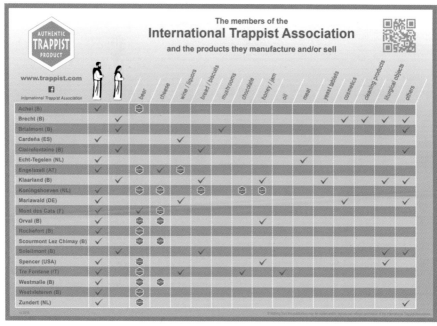

역시 술을 더 좋아하는 것은 남자여서일까. 맥주를 만드는
수도원은 모두 남자 수도승 수도원인 것을 알 수 있다

로고가 있는 맥주'라는 의미가 담겨 있다고 볼 수 있기 때문에 '트라피스트 맥주는 11개다'라고 해도 틀린 말은 아닐 것이다.

트라피스트 맥주란 넓은 의미로 트라피스트회에서 만든 맥주를 말하고, 좁은 의미로는 트라피스트회에서 만든 맥주 중에서 ATP 로고가 있는 것이라고 정리할 수 있다.

또한 ATP 로고는 계속해서 관리되고 있기 때문에 트라피스트 맥주의 개수는 앞으로도 변할 수 있다. 실제로 라트라페는 너무 상업적으로 변질되었다는 이유로 ATP 로고를 박탈당하기도 했으며, 트레 폰타네Tre Fontane 는 가장 최근인 2015년 5월에 로고를 받았다.

벨기에
Achel

벨기에
Chimay

오스트리아
Engelszell

네덜란드
La Trappe

벨기에
Orval

미국
Spencer

벨기에
Rochefort

이탈리아
Tre Fontane

벨기에
Westmalle

벨기에
Westvleteren

네덜란드
Zundert

ATP 인증을 받은 11개의 트라피스트 맥주

애비Abbey 맥주

애비Abbey는 '수도원'이라는 뜻으로, 직역하면 '수도원 맥주'가 된다. 따라서 사전적으로는 수도원에서 만들어지는 트라피스트도 '애비 맥주'에 속한다고 할 수 있다. 그러나 국제 트라피스트 협회에서 ATP 로고를 부여하고 트라피스트 맥주를 브랜드화하기 시작하면서 트라피스트 맥주와 대비되는 의미를 갖게 되었다. 즉, 애비맥주는 트라피스트회가 아닌 다른 수도회의 수도원에서 만든 맥주를 뜻하고 있다. 또한 수도원으로부터 기술이나 라이선스를 받아 상업 양조장에서 대량으로 생산하는 맥주를 말하기도 한다.

대표적인 애비맥주 레페

애비 맥주라고 해서 트라피스트 맥주에 비해 품질이 떨어진다고 할 수는 없다. 확실한 브랜드화를 통해 '트라피스트는 최고의 맥주다'라는 인식을 심어준 것일 뿐, 맥주의 절대적 우월함을 의미하는 것은 아니기 때문이다.

Course.3

최고의 맥주가 탄생하는 곳,
트라피스트 수도원을 찾아서

① 준데르트   ⑧ 라트라페

네덜란드

⑦ 아헬

② 베스트말레

③ 베스트블레테렌

벨기에

⑤ 로슈포르

④ 시메이

⑥ 오르발

룩셈부르크

준데르트 ➔ 베스트말레 ➔ 베스트블레테렌 ➔ 시메이 ➔ 로슈포르

➔ 오르발 ➔ 아헬 ➔ 라트라페

Trappist Beer 01

오직 한 가지
최상의 맥주를 위하여

_ **준데르트** Zundert

인천공항을 출발한 뒤 약 48시간 만에 도착한 첫 번째 트라피스트 맥주 마을 준데르트. 하룻밤을 지낸 로테르담에서 아침 일찍 렌터카를 타고 루스트푼트 드 키비트 레스토랑으로 향했다. 길게 뻗은 푸른 나무와 한적한 소목장들이 나타나는 것을 보니, 반 고흐의 고향 준데르트에 가까워지고 있음을 느낄 수 있었다.

준데르트 시내에는 반고흐 박물관이 있는데, 미술에 관심이 있다면 충분히 방문할만한 곳이다. 그러나 맥주가 이번 여행의 주요 테마였던 나에게는 더욱 중요한 우선순위가 있었다.

루스트푼트 드 키비트 Rustpunt De Kieviet

루스트푼트 드 키비트는 준데르트 맥주를 만드는 마리아 도 프루프트Maria Toevlucht 수도원에서 가장 가까운 레스토랑으로서, 이름에 들어간 키비트Kieviet는 댕기물떼새를 뜻한다. 꽁지머리가 인상적인 이 새는 특히 준데르트 지역에서 많이 서식하기 때문에 마을의 상징이자, 맥주의 마스코트가 되었다.

이 레스토랑은 캠핑장을 함께 운영하고 있는데, 이번 여행이 한 달 이상의 일정이었다면 이 캠핑장에서 무조건 숙박을 선택했을 만큼 안락해 보였다.

준데르트 시내에 위치한 빈센트 반고흐 하우스

참고로 이곳은 수도원에서 운영하고 있는 것은 아니다. 일부 수도원은 바로 인근에 방문자들이 맥주를 마실 수 있도록 레스토랑을 마련해 놓곤 하지만, 여기는 일반적인 레스토랑일 뿐이다. 그러나 수도원과 무척 가깝고 준데르트 맥주를 주력으로 하고 있기 때문에, '거의 직영' 레스토랑이라고 봐도 무방하다.

레스토랑 입구에는 '우리의 트라피스트 맥주를 마셔보라Proef onze trappist'며 시크한 웃음으로 반겨주는 수도승 간판이 서 있다. 수도승과 기념사진을 찍

은 뒤 들어선 레스토랑은 멋진 고택에 방문한 것 같은 고급스러운 분위기가 흐르고 있었다.

이 지역이 유명 관광지는 아니다보니 영어메뉴판은 따로 없고 모두 네덜란드어로 되어 있었다. 그러나 주방에서 요리책까지 들고 와서 사진을 보여줄 정도로 친절한 주인

1 아담하고 정갈한 레스토랑 내부 인테리어
2 양젖으로 만든 치즈샐러드. 치즈에서 양꼬치의 냄새가 날 정도로 신선했다

아주머니 덕분에 메뉴를 고르는데 전혀 문제가 없었
다(양젖으로 만든 치즈를 설명할 때는 '메에~'하며 양 흉내
까지 내보일 정도로 친절했다).

맥주는 고민할 필요 없이 준테르트로 택했다. 다른 트라
피스트 병맥주들도 있었고, 헤크토그 얀Hertog jan이라는 네
덜란드의 필스너*타입의 생맥주가 보였지만 말이다.

맥주에는 전용잔과 코스터맥주 받침대가 따라 나왔는데, 이럴 때 왠지 모를 뿌듯
함이 느껴지는 것은 나뿐만이 아닐 것이다.

준데르트의 특징은 오직 한 종류만 있다는 것이다. 다른 트라피스트들은 세
종류 이상을 보유하고 있는 것이 보통이지만, 이탈리아의 트라피스트 맥주인
트레폰타네와 더불어 준데르트는 오직 한 가지를 보유하고 있다 (트라피스트 맥
주인 오르발은 시중에 유통되는 것은 한 종류이지만, 쁘띠오르발이라는 맥주도 생산하
기 때문에 엄밀히 본다면 한 종류만 취급하는 것은 아니다).

준데르트 맥주의 도수는 8%이고 짙은 밤색을 띠며, 맥주가 담긴 병 안에서
2차 발효가 일어난다. 해외 유명 맥주사이트인 레이트비어RateBeer와 비어애드보

*필스너Pilsener: 체코의 필젠Pilsen에서 처음 생산되었으며 황금색을 띠고 쓴맛이 강한 페일라거 스타일의 맥주

케이트_{Beeradvocate}에서는 트리펠 타입으로 분류하고 있지만, 트리펠이라고 하기에는 짙은 색깔과 복합적인 맛을 가지고 있는 것이 특징이다. 한 모금 머금으니 상큼한 과일향과 고소한 곡물의 맛이 조금씩 섞여 조화를 이루고 있었고, 높은 도수에서 느껴지는 쓴 맛이 별로 없어 묵직한 바디감이 부담스러운 입문자들에게 잘 어울리는 트라피스트 맥주가 아닐까 생각이 들었다. 서울에서 이곳까지 오는 동안 쌓였던 피로를 말끔히 해소시켜주는 훌륭한 맥주였다.

정성스러운 음식과 함께 준데르트 맥주를 맛보고 나니, 벌써부터 다음 트라피스트인 베스트말레가 한껏 기대되었다.

마리아 도프루프트 Maria Toevlucht 수도원

18세기 말, 프랑스 혁명으로 인해 위기의 나날들을 보내고 있던 프랑스의 가톨릭 교회들. 몽데캇_{Mont-des-Cats} 수도원은 수도승들을 파견해 피난장소를 물색하게 했고, 우여곡절 끝에 네덜란드 남부의 틸부르흐 지역의 코닝스호벤_{Koningshoeven}으로 옮겨갔다. 그리고 수도승들의 생계를 위해 맥주를 생산하게 되는데, 그렇게 시작된 맥주가 라트라페_{La Trappe}이다. 이후 코닝스호벤 성당에서는 다른 지역에 새로운 수도원을 추가로 설립하게 되는데, 그 수도원이 바로 준데르트 마을의 마리아 도프루프트 수도원. 그런데 이곳은 처음부터 맥주를 만들었던 것은 아니었다. 2007년 소목장이 문을 닫은 뒤, 양조장을 건설하였는데 그것이 바로 드 키비트_{De Kievit} 양조장이며, 2013년 12월부터 준데르트 맥주가 만들어지게 되었다.

레스토랑에서 나와 5분정도 걸으니 수도원에 다다랐다. 대부분의 트라피스트 수도원들처럼, 이곳도 수도원 내부를 공개하지 않고 있다. 그러나 마을 주민들이 일상적으로 예배를 드리는 예배당은 여행자에게도 공개되어있었다. 예배당 내부는 크지 않았지만,

묘한 웅장함으로 잠시 동안 경건함을 느끼게 했다.

　예배당을 둘러본 뒤, 수도원 입구에 있는 상점으로 향했다. 준데르트 맥주와 전용잔 및 오프너 등 맥주 관련 상품들을 비롯해 작지만 알짜 상품들이 잘 갖춰져 있었다. 귀여운 미니 전용잔과 오프너를 구입하려는데, 수도복을 입은 채로 계산대에 앉아 있는 수도승의 모습이 낯설지만 재미있다. 우리를 배웅해주는 소들에게 작별인사를 하며 다음 목적지인 벨기에 안트베르펜으로 향했다.

🏛 **마리아 도프루프트** Maria Toevlucht
주소 Rucphenseweg 38, 4882 KC Zundert
※수도원 예배당만 입장 가능

🍴 **루스트푼트 드 키비트** Rustpunt De Kieviet
주소 Rucphenseweg 51, 4882 KB Zundert
영업시간 화,목,토,일 : 11:00 ~ 17:30 **휴무:** 월, 수
※ 영업시간이 매달 변경되니 반드시 홈페이지 확인
홈페이지 www.rustpuntdekieviet.nl/openingstijden

 상점
수도원 입구에 위치. 맥주 및 기념품 판매
영업시간 화~토 14:15~16:45, 일: 11:00~11:50 **휴무:** 월

Trappist Beer 02

트리펠의 어머니

_ 베스트말레 Westmalle

벨기에 제2의 도시 안트베르펜영어식 표현은 앤트위프에
서 불과 20km 떨어진 베스트말레. 벨기에 북부
지역을 가리키는 플란더스 지방에는 말레Malle라
는 지역이 있는데, 이곳의 서쪽을 베스트말레
Westmalle, 동쪽을 오스트말레Oostmalle라고 부른다. 즉
베스트말레는 서쪽 말레를 뜻한다.

안트베르펜 시내에서 버스로 불과 40분이면
도착하기 때문에 이번 여행에서 방문한 트라피
스트 중에서 가장 접근성이 좋았다. 낮 동안 안
트베르펜 시내를 둘러본 뒤, 410번 버스를 타고
베스트말레 수도원으로 향하였다.

듀벨 스타일의 원조라 평가받는
베스트말레 듀벨 (7%)

베스트말레 Westmalle 수도원

프랑스 혁명 시기, 피신을 선택한 수도승들 중 일부는 이곳 베스트말레에 정착
해 1794년 베스트말레 수도원을 설립하게 된다. 이후에 학교를 세우는 등 지역
사회 성장에 기여하면서 거주민들로부터 인정을 받게 되었고, 대수도원으로 승
격되면서 본격적으로 맥주를 생산했다. 그리고 1856년, 갈색 빛깔의 묵직한 듀

베스트말레 수도원의 입구

벨 맥주를 탄생시켰고, 1934년에는 황금색의 트리펠 맥주를 추가하게 된다.

베스트말레의 듀벨과 트리펠이 널리 알려지면서 트라피스트 맥주의 대표적인 스타일로 자리매김하게 되었다.

베스트말레 수도원은 가장 폐쇄적인 수도원 중 하나로 정평이 나있다. 예배당 입장은 가능했던 준데르트 수도원과 달리 모든 공간이 비공개이기 때문에 수도원 외부의 모습을 둘러보는 것으로 만족해야 했다. 그러나 주변의 고요한 산책길을 걸으며 수도원 외관을 감상하는 것도 꽤 괜찮은 경험이다. 수도원 입구에 들른 뒤, 오른쪽 산책로를 따라 계속 걷다보면 수도원 안에 있는 양조장의 모습을 담벼락 사이로 살짝 엿볼 수 있다.

카페 트라피스텐 Café Trappisten

수도원 맞은편에는 베스트말레 수도원의 방문자센터 역할을 하는 레스토랑인 카페 트라피스텐이 있다. 버스정류장과 매우 가깝게 위치해 있다 보니, 버스에서 단체로 내리는 나이 지긋하신 분들을 흔히 볼 수 있었는데, 마치 오랜 친구와 동네 주점에 가는 우리의 모습과 비슷한 느낌이 묻어났다. 성수기에는 자전거를 타고 맥주를 마시러 오는 사람들로 가득한 모습을 볼 수 있다고 한다.

트리펠 스타일의 원조로 평가받는 베스트말레 트리펠

카페 트라피스텐의 인테리어는 호텔의 레스토랑처럼 상당히 고급스러웠으며 야외 좌석도 넓고 쾌적했다. 이곳에는 베스트말레 맥주의 세 가지 중에서 듀벨과 트리펠을 판매하고 있다. 나머지 한 가지인 엑스트라Extra는 수도승들이 마시기 위한 엥켈 스타일이기 때문에 메뉴판에서는 볼 수가 없었다. 특이한 점은 하프앤하프Half & Half라는 이름으로 듀벨과 트리펠을 섞은 맥주가 있다는 것. 듀벨, 트리펠, 치즈가 함께 나오는 테이스팅 세트와 하프앤하프를 주문해 보았다. 참고로 듀벨은 생맥주, 트리펠은 병맥주, 하프앤하프는 듀벨 생맥주와 트리펠 병맥주를 섞어서 서빙이 된다.

듀벨은 역시 듀벨스타일의 표준적인 특징인 캐러멜과 건포도의 맛이 은은하게 느껴졌다. 외관으로 봤을 땐 무거운 바디감을 줄 것이라고 예상했지만, 오히려 생맥주다운 신선한 청량감이 기분 좋은 인상을 주었다.

트리펠은 9.5%의 고도수임에도 불구하고 쓴맛이 없이 상큼한 과일향을 풍기며 부드럽게 넘어갔다. 하프앤하프는 맥주 이름 그대로 듀벨과 트리펠의 특색이 조금씩 섞여 있는 풍미였다.

안주로 주문한 치즈도 ATP 인증을 받은 제품이었기 때문에 치즈 맛 자체도 상당히 뛰어났고 특히 맥주와의 궁합이 좋았다(역시 유럽도 '치맥'이었다. 유럽에서의 치맥은 치즈와 맥주를 의미한다).

이어서 베스트말레 맥주를 넣어 만들었다는 특별한 아이스크림으로 궁합을 맞춰보았다. 맥주 맛은 전혀 느껴지지 않았고 달콤한 바닐라 아이스크림처럼 느껴졌다. 의외로 맥주와 더없이 잘 어울리는 맛이었다.

베스트말레 맥주를 넣어서
만든 아이스크림

계산을 마친 뒤, 자석처럼 이끌린 레스토랑의 기념품 판매대. 맥주와 전용잔, 오프너 등 맥주 관련 상품들을 비롯해 치즈도 진열되어 있었다. 천천히 둘러보던 중, 한 직원 아주머니가 손짓을 했다. 자랑하듯이 꺼내 보였던 것은 바로 베스트말레 엑스트라 맥주! 놀란 나는 두근거리는 마음으로 구입이 가능한지 물어보았고 양손에 한 병씩 들고 뿌듯한 마음으로 숙소로 돌아올 수 있었다.

🚩 Tip Box

엑스트라는 메뉴판에 없더라도 직원에게 꼭 문의해보자. 다만 1년에 2번만 생산하기 때문에 방문 당시 없을 수도 있다.

🏰 **베스트말레** Westmalle
주소 Antwerpsesteenweg 496, 2390 Westmalle
※ 수도원 내부 모든 공간 입장 불가

🍴 **카페 트라피스텐** Café Trappisten
주소 Antwerpsesteenweg 487, 2390 Westmalle
영업시간 매일 10:00~24:00
홈페이지 www.trappisten.be

 상점
레스토랑 내부에 위치. 맥주 및 기념품 판매
영업시간 레스토랑과 동일

세계 최고의 맥주

_ 베스트블레테렌 Westvleteren

브뤼헤에서 출발한지 약 1시간, 드디어 세계적으로 유명한 맥주 마을, 포페린게Poperinge에 도착했다. 벨기에의 서쪽 끝에서 프랑스와 국경을 맞닿고 있는 도시로 이곳에서 3년에 한 번씩 열리는 홉축제는 이미 유럽의 대표적인 맥주 축제로 거듭났다. 유럽인들의 밝고 명랑하면서도 낭만적인 분위기로 가득 채워진 이 축제에서 추수감사의 의미와 격식 없는 자유로움을 만끽할 수 있다.

식스투스 수도원의 전경

벨기에서도 홉재배로 이름난 이곳은 세인트 버나두스St.Bernardus와 스트루이스
Struise 등 세계적인 맥주 브랜드들이 위치해 있다. 그리고 가히 세계 최고라고 평
가받는 맥주, 베스트블레테렌을 생산하는 트라피스트 수도원도 여기에 있다
(맥주의 이름은 서쪽을 의미하는 West와 지역 이름인 vleteren이 합쳐진 westvleteren
이라는 마을 이름을 그대로 따서 지었다).

성 식스투스 Sint—Sixtus 수도원

1831년, 은둔생활을 하던 프랑스 출신의 한 수도승이 이주해 온 수도승들과 함
께 성 식스투스 수도원을 설립했다. 다른 수도원들과 마찬가지로 기도와 노동
의 삶을 이어오며 성장하였다. 1839년 이들은 영리가 아니라 오직 노동의 경건
함을 추구하며 양조장을 설립하여 맥주 생산을 시작하였고, 이후 크게 성장하
게 된다. 그러던 중 2차 세계대전이 일어나 수도원 운영이 어려워지자 맥주 생

산을 중단하기도 했는데, 현재도 다른 트라피스트 맥주에 비해 소량만 생산하고 있다.

성 식수투스 수도원은 베스트말레와 마찬가지로 폐쇄적인 수도원이다. 수도원 외부만 둘러볼 수 있을 뿐, 모든 내부시설은 차단되어있다. 단출하지만 경건함이 느껴지는 수도원 외관을 감상한 뒤 본격적인 맥주탐방을 위해 근처에 위치한 레스토랑 인 드 브레이드로 향하였다.

인 드 브레이드 In de vrede

이번 베네룩스 맥주 여행에서 가장 기대해왔던 레스토랑은 바로 이곳 인 드 브레이드였다. 베스트블레테렌 맥주 3종을 맞이할 수 있기 때문! 블론드Blond, 8, 12로 구성되어 있으며 8과 12는 전 세계의 맥주 마니아들로부터 칭송을 받고 있다. 예전부터 광고는 물론이고, 병에는 어떤 라벨조차 붙이지 않고 있지만 세계에서 가장 평판 높은 놀라운 맥주다. 특히 12는 이견 없이 세계 최고의 맛으로 꼽히며 맥주의 끝판왕으로까지 불린다.

맥주 자체도 물론 훌륭하지만, 소량 생산으로 인해 희소성이 높아진 것도 이

베스트블레테렌
12, 8, 블론드

러한 인기에 한몫을 하리라.

　벨기에 시내의 마트에서 다른 트라피스트 맥주는 2~3천원 정
도였지만, 베스트블레테렌 12는 1만 5천원에서 2만원 정도라고
하니 가히 그 인기를 실감할 수 있다.

　참고할 것은 베스트블레테렌은 생맥주로는 생산되지 않는다는
점이다. 레스토랑에서도 아주 차갑게 보관한 병맥주를 잔에 따른
뒤 서빙이 된다. 우리나라 사람들은 생맥주를 선호하는 경향이 있
지만, 베스트블레테렌 만큼은 굳이 생맥주를 찾지 않아도 된다. 오
히려 병맥주로 마실 때 더욱 생생하고 훌륭한 맛을 느낄 수 있기 때
문이다.

　자리를 잡고 두근거리는 마음으로 맛본 베스트블레테렌 3종. 블
론드는 5.8%의 상대적으로 낮은 도수를 가지는데, 상큼한 꽃향기
를 품고 있어서 가볍게 음미하며 마실 수 있었다. 8과 12는 비슷한
맥주 색깔처럼 맛도 유사했는데, 8이 조금 더 응축된 상태가 12가
된 게 아닌가 하는 느낌이 들었다. 자극적이지 않고 실크처럼 부드
러웠으며, 글로 쉽게 형용할 수 없는 복잡한 풍미가 입안을 가득 채
웠다. 도수가 10.2%나 되는 12는 이상하리만치 알코올의 쓴 맛이
느껴지지 않아 담백한 피니시를 가지고 있었다.

　최고의 맥주에는 그와 어울리는 음식을 고르는 푸드페어링 또
한 중요할 것이다. 우선 따뜻한 수프로 입맛을 돋운 후 토마토와 치
즈가 듬뿍 들어간 샌드위치와 파테(고기, 생선, 채소 등
을 갈아 만든 소를 채운 후 오븐에 구운 음식)로 짭조
름한 식감을 즐길 수 있었다.

　고급스러운 레스토랑에서 어울리는 음식
들과 함께 '세계 최고의 맥주'를 마시고 있으
니 마치 천상에 온 듯한 기분이 들었다. 베스트
블레테렌을 첨가해서 만들었다는 아이스크

맥주와 좋은 궁합을 보여준 고기파이 파테

Tip Box

홈페이지로 한 박스(24병) 구매 예약을 할 수 있다. 그것도 현장 구매가보다 두 배 저렴한 가격으로! 다만 현지 차량 또는 전화번호를 기준으로 60일에 한 번만 구입이 가능하기에 여행객들은 활용이 쉽지 않다. 그래서 현장에서 6개 단위로 판매하는 맥주를 구매하는 것을 추천한다.

림은 유럽의 고급 아이스크림을 맛보는 듯한 부드러운 감촉이 일품이었다. 디저트를 마지막으로 천국에서의 파티를 마무리했다.

베스트말레와 마찬가지로 기념품 상점이 레스토랑 내부에 위치해 있다. 이곳의 맥주는 워낙 인기가 많은 탓에 판매 개시 후 얼마 지나지 않아 맥주가 자주 동이 나곤 한다. 아침 10시와 오후 2시에 맥주 판매를 시작하는데, 성수기에는 긴 줄이 늘어서기도 한다. 맥주는 6개 단위로 구입 할 수 있으며, 매일 판매용 맥주의 종류가 바뀐다. 방문한 날에 베스트블레테렌12를 판매하고 있다면 말 그대로 '운수 좋은 날'! 그러나 판매용 맥주를 구입하지 못하더라도 이곳에서 베스트블레테렌을 직접 맛본다면, 세계 최고의 맥주를 클리어했다는 행복감을 선사할 것이다.

 성 식스투스 SintSixtus
주소 Donkerstraat 12, 8640 Vleteren
※ 수도원 내부 모든 공간 입장 불가

 인 드 브레이드 In de vrede
주소 Donkerstraat 13, 8640 Vleteren
영업시간 10:00~21:00
※ 휴일이 불규칙하니 반드시 홈페이지 확인
홈페이지 www.indevrede.be/kalender.php?lang=en

🛍 **상점**
레스토랑 내부에 위치. 맥주 및 기념품 판매
영업시간 레스토랑과 동일

반전의 매력을 지닌 친숙함

_ **시메이** Chimay

요즘은 한국에서도 거의 모든 트라피
스트 맥주를 구할 수 있지만, 그중 시
메이는 훨씬 이전부터 수입되고 있었
을 만큼 가장 대중적인 트라피스트라
고 할 수 있다. 희소성이 매력인 다른
트라피스트와 달리 '가장 상업적인
트라피스트 맥주'라고 불릴 만큼 구

한국 마트에서도 쉽게 구할 수 있는 시메이

하기가 쉽다보니 상대적으로 저평가되기도 하지만 실제로는 매우 훌륭한 맥주
라는 의견이 많다. 또한 맥주 애호가가 아닌 사람들에게도 트라피스트를 쉽게
접할 수 있게 해주었으니 이 또한 고마운 일이 아닐까.

시메이 맥주를 만나러 포페린게에서 2시간 반을 운전해서 도착한 곳, 바로
시메이 방문자 센터인 오벨지 드 포토프레이다.

오벨지 드 포토프레 Auberge de Poteaupré **방문자센터**

이곳은 시메이를 만드는 노트르담 드 스코몬트 수도원과는 조금 떨어져 있다.
1층에는 시메이를 마실 수 있는 레스토랑과 상점 및 전시관이 있으며, 2층에는
작은 호텔까지 갖춰진 원스톱 공간이다. 시메이 맥주를 즐기기 위해 이 먼 곳까

1 시메이 방문자센터 오벨지드 포토프레
2 농장이 내다보이는 야외 좌석

지 왔다면, 2층의 호텔에서 하루를 묵는 것은 당연지사.

호텔 체크인 후, 먼저 전시관을 둘러봤다. 트라피스트 맥주들과 전용잔 등을 비롯해 시메이 맥주의 발전 과정을 볼 수 있게 진열해 두었다. 6.5유로라는 적지 않은 입장료에 비해 볼거리는 많지 않지만, 레스토랑에서 생맥주와 교환할 수 있는 쿠폰을 증정하고 있으니 가벼운 마음으로 둘러볼 만한 곳이다.

이어서 둘러보는 상점. 간단한 기념품 정도를 갖춘 다른 트라피스트 상점과 달리, 주방용품 판매점이라 해도 믿을 정도로 많은 상품이 있었다. 한국에서는 비싼 가격으로 판매되는 한정판 맥주들도 판매하고 있으니 안 사고 버틸 수 있으랴.

상점 쇼핑을 마친 뒤, 바로 옆에 있는 레스토랑으로 향했다. 앤티크하면서도 고급스러운 실내 장식과 농장이 훤히 내다보이는 야외 좌석이 여행객의 마음을 사로잡는다. 눈부신 햇살을 받으며 반짝이는 맥주잔과 매장에서 나지막이 흘러나오는 음악을 듣고 있으면 시메이 특유의 아늑한 세계로 끌려간다.

시메이 맥주의 기본 라인업 4종류를 모두 이곳에서 생맥주로 맛볼 수 있다. 첫 주문은 고민할 필요 없이 4종 샘플러를 추천한다. 바로 캣타워처럼 생긴 트레이에 샘플러가 서빙되기 때문인데, 트레이를 보자마자 SNS에 올리고 싶은 욕구가 절로 들게 된다.

처음 맛본 맥주는 시메이 골드. 도레Dorée라고도 불리는 엥켈Enkel 타입이다. 수도승들이 마시기 위해 만든 엥켈타입을 아예 상품화하였으니 역시 시메이답다

는 생각이 들었다. 은은한 꽃향기와 잘 익은 복숭아 같은 단맛이 느껴졌으며 낮은 도수답게 첫 맥주로 시작하기 알맞은 맥주였다.

이어서 루지Rouge라고도 불리는 듀벨타입의 시메이 레드. 듀벨타입은 진한 갈색을 띠는 것이 일반적인데 비해, 장미꽃처럼 불그스름한 색을 지니고 있었다. 입안에 머금으니 고운 탄산감이 입안에 퍼지며 살구 같은 단맛이 느껴졌다.

그다음으로 선택한 시메이 트리펠은 밝은 황금색을 띠는 전형적인 트리펠타입으로, 몽실몽실한 거품이 인상적이었으며 알코올 향이 거의 없고, 상큼하고 화사한 꽃향기가 느껴져 말 그대로 술술 넘어갔다.

마지막은 대표맥주인 시메이 블루. 그랑 리저브Grande Réserve라고도 불리는 쿼트루펠 타입으로서, 알싸한 향이 입안을 감돌았으며 진한 색상답게 검붉은 과실

의 깊은 맛이 일품이었다.

샘플러로 4가지 모두 맛보았다면, 마음에 드는 맥주를 골라 양껏 시키면 된다. 오늘만큼은 과음을 하더라도 편히 쉴 수 있는 호텔이 바로 위에 있으니까!

레스토랑의 맥주를 마셨는데도 아직 부족한 감이 있다면 호텔 방 냉장고에 있는 시메이 맥주를 꺼내 마시면 된다. 냉장고 위에는 투숙객을 위한 전용잔까지 마련돼 있으니 유혹(?)을 뿌리치기가 쉽지 않다.

또한 밖으로 나가면 놀이터 앞에 있는 야외 테이블이 반겨준다. 아내와 나는 이곳에 자리를 잡고 앉았는데, 평일이라 그런지 투숙객이 거의 보이지 않았다. 우리밖에 없구나 싶어 너무 과하게 준비한 맥주를 언제 마시나 하던 차에, 뒤편에 젊은 여자가 테이블에 혼자 앉아 매그넘 사이즈의 희귀 맥주를 마시고 있었다. 궁금증이 발동한 우리는, 함께 합석을 제안해 이야기를 나눴다. 무려 한 달 동안이나 혼자서 맥주 여행을 하고 있는 일본인 여행자였다! 흥미진진했던 그동안의 여행담을 나누며 이날 하루를 마무리했다.

📌 Tip Box

호텔 예약은 홈페이지에서 문의를 남겨 진행할 수 있다. 조식 신청도 가능하지만 추천하지는 않는다. 호텔에 오기 전 미리 마트에서 먹거리를 넉넉히 사오자.

노트르담 드 스코몬트 Notre Dame de Scormont **수도원**

시메이 맥주를 만드는 노트르담 드 스코몬트 수도원은 베스트블레테렌 수도원에서 온 수도승들에 의해 설립이 되었다(이만하면 맥주애호가들은 이 수도승들에게 참 고마워해야 할 것 같다). 스코몬트라는 동네는 원래 황량한 곳이었지만, 농장을 비롯해 양조장과 치즈공장을 지으면서 지역이 성장하는 계기가 되었다고 한다.

전날 과음한 덕에 조금 늦게 시작된 아침, 호텔을 나와 수도원으로 향했다. 작은 숲길을 따라 상쾌한 아침 공기를 마시며 걷다 보면 아름다운 수도원이 모습을 드러낸다. 수도원 입구를 통과하면, 말끔하게 정돈된 수도원 내부 풍경을 볼 수 있는데, 손질이 잘 되어있는 풀과 나무들로 마치 멋진 공원에 와있는 듯한 착각이 들게 한다. 수도원 한편에 있는 예배당은 내부를 둘러볼 수 있었지만, 안에서 마을 사람들의 노랫소리가 흘러나왔기에 방해되지 않도록 발걸음을 돌렸다. 예배당을 제외한 다른 건물들은 일반인 출입이 금지되어 있어서 곧 수도원을 빠져나왔다. 수도원 옆에 위치한 양조장 역시 출입이 불가했는데, 양조장 외부 모습과 시메이 마크가 달린 트럭을 구경하는 것에 위안을 삼고 호텔로 향했다.

노트르담 드 스코몬트 Notre Dame de Scormont
주소 Abbaye Notre Dame de Scourmont, 6464 Chimay
※ 수도원 내부 일부와 예배당 입장 가능

레스토랑, 상점, 호텔
오벨지 드 포토프레 Auberge de Poteaupré **방문자센터**
주소 Rue Poteaupré 5, 6464 Bourlers
영업시간 10:00~18:00 또는 22:00
※ 시즌별, 요일별로 휴무일 및 영업시간이 변경되니 반드시 홈페이지 확인
홈페이지 chimay.com/en/infos-pratiques/

산책길에 마주치는 세 갈림길에서 왼쪽을 선택해야 한다.

엥켈 Enkel

일반적인 맥주와는 다른 특별함이 매력인 트라피스트. 그중에서도 더욱 특별함을 경험하고 싶다면, 답은 바로 엥켈Enkel이다. 판매가 아니라 수도원의 수도승들이 마시 기 위한 용도이다 보니 시중에서는 거의 볼 수 없으며, 수도원 상점이나 근처 레스토랑에서만 구할 수 있는 한 정판 맥주인 셈이다. 때문에 수도원에서 엥켈을 발견한 다면 우선적으로 구입하거나 맛봐야 하는 희귀 맥주다 (다만 가장 상업적인 트라피스트라 불리는 시메이는 엥켈 스타 일인 시메이 골드 Chimay Dorée를 시중에 출시하고 있으며 국내 마트 에서도 구입할 수 있다).

엥켈 스타일의 맥주인
시메이 골드

수도원 맥주라고 하면 흔히 2,3,4를 의미하는 듀벨, 트리펠, 쿼드루펠을 떠올리게 되는 데, 가장 하위 단계인 1을 의미하는 스타일이 바로 엥켈이며 싱글Single이라고도 부른다. 4.5% 정도의 알코올 도수를 지니며 가벼운 황금색을 띠고 있다. 벨기에 맥주 중에서 마시기 편한 스타일인 벨지안 블론드와 유사한 풍미지만 벨지안 블론드의 도수는 6% 정도이니 엥켈이 마시기는 좀 더 가볍다고 할 수 있다. 다만 가볍게 마시는 맥주이니만 큼, 트라피스트 맥주에서 떠올리는 깊고 진한 맛을 기대한다면 실망할 수도 있다. 특별 함이 있는 트라피스트 맥주 중에서도 가장 구하기 어려운 엥켈 스타일을 맛보았다는 것 자체에 기쁨을 얻는 것이 어떨까.

🇧🇪 벨기에에서 만날 수 있는 엥켈

1. **베스트말레**: 수도원 건너편 레스토랑Café Trappisten에서 Extra4.8%를 병맥주로 판매
2. **시메이**: 방문자센터Auberge de Poteaupré의 레스토랑에서 GoldChimay Dorée, 4.8% 병맥주 와 생맥주 판매
3. **오르발**: 수도원 앞 레스토랑A l'ange gardien에서 Petit Orval4.5% 생맥주 판매. 전 세계에서 오직 이곳에서만 마실 수 있음

(아헬의 경우 2016년까지 수도원에 있는 레스토랑에서 엥켈 스타일로 볼 수 있는 5% 도수의 블론드와 브륀 2종을 생 맥주로 판매하였는데, 2017년부터는 도수가 7%로 변경되어 더 이상 엥켈이라고 보기 어렵다)

깐깐한 모범생

_ 로슈포르 Rochefort

시메이 호텔에서 차로 약 1시간 거리에 위치한 곳, 로슈포르 맥주를 만드는 노
트르담 드 생레미 수도원에 도착하였다. 트라피스트 중 가장 오랜 역사와 전통
1595년을 가지고 있는 이곳은 소수의 수도승에게 도제식으로 양조법을 전수해오
고 있다니, 이 정도면 무형문화재가 아닐까.

　　로슈포르 맥주에는 총 3가지가 있는데, 이름은 숫자로 6, 8, 10이다. 로슈
포르의 가장 큰 특징은 이 세 가지 맥주 모두 레시피가 동일하다는 것. 수도원

로슈포르 6, 8, 10

내에 있는 우물의 물을 사용해 양조하며, 숙성과 취급 방법에 따라 각각 다른 맛과 도수를 갖게 된다. 로슈포르 6의 도수는 7.5%, 8은 9.2%이며, 10은 트라피스트 맥주들 중에 가장 높은 11.3%이다. 특히 쿼드루펠 타입의 로슈포르 10은 트라피스트 맥주 중에서도 최고봉이라고 불릴 정도로 좋은 평가를 받고 있다. 높은 도수임에도 바디감은 놀랄 만큼 부담이 없다. 과일의 단맛과 쌉싸름한 애프터가 조화로움을 이루고, 천천히 올라오는 깊이 숙성된 맛이 최고의 즐거움을 선사한다.

노트르담 드 생레미 *Notre-Dame de Saint-Remy* 수도원

이 수도원은 아픔이 참 많은 곳이다. 17세기에는 전쟁으로 인한 침략을 받아 수도승들이 피난하였고, 기근과 역병을 겪었다. 프랑스 혁명 기간에는 수도원이 아예 팔아넘겨져 농장으로 사용되기도 했다. 다행히 1887년, 트라피스트 중 하나인 아헬 맥주를 만드는 수도원의 신부가 건물을 구입해서 복구하고 건물을 신축하였다. 1952년부터 양조장을 개조해서 본격적으로 맥주를 생산해 왔는데, 최근 또다시 사건이 터졌다. 바로 2010년 대형화재로 수도원이 파괴된 것. 불행 중 다행으로 수도승들은 무사했고, 양조장 역시 큰 피해는 없었다. 만약 이때 양조장이 불탔다면, 로슈포르 맥주를 지금은 마시지 못하게 되었을지 모른다.

생레미 수도원은 이번 여행에서 방문하는 8개의 수도원 중에서 가장 즐길거리를 발견하기 힘든 곳이다. 주변에 레스토랑이 없어 수도원에서 맥주를 마시는 묘미를 느낄 수 없기 때문. 다만 로슈포르 시내의 일반 레스토랑에서 로슈포르를 맛볼 수 있기 때문에 그나마 아쉬움을 달랠 수 있다.

1 2010년 로슈포르 수도원 대형 화재
2 출입금지 표시가 있는 양조장

　수도원 한쪽에는 양조장이 보이는데 출입금지 표지판이 걸려있어 들어갈 수 없었다. 수도원 옆문으로 보이는 입구에도 역시 표지판이 있나(옥여나 표지판이 보이는데도 무시하고 그냥 들어가는 행동은 하지 말자).

　수도원 정문 쪽에는 두 개의 문이 있는데, 큰문은 들어갈 수 없고, 왼쪽의 작은 문은 상점으로 보이지만 열려있지 않았다(상점에는 특별한 기념품 없이 맥주만 파는 것으로 보인다).

　유일하게 구경할 수 있는 곳은 바로 예배당. 철문을 열고 들어가면 예배당으

수도원 산책로에서 보이는 호수와 확 트인 전경

로 들어갈 수 있는데, 기도를 하는 소리가 들려와서 차마 안까지 둘러보지는 못하였다.

　멀리까지 왔는데, 이대로 그냥 떠나기는 아쉬워 수도원 왼편에 보이는 산책길을 따라 올라가 보았다. 조금 걷다 보니 작은 호수가 보였고 끝자락에 다다르자 전망대에 온 듯한 탁 트인 시야가 펼쳐졌다. 산책을 마치고 돌아오는 길목에 맥주를 끓이는 냄새가 코끝에 스며들어 나의 아쉬움을 달래주었다.

🏛 **노트르담 드 생레미**NotreDame de SaintRemy
주소 Abbaye SaintRemy, 5580 Rochefort
※ 수도원 예배당만 입장 가능

🛍 **상점**
수도원 입구에 위치
맥주 판매
영업시간 일정하지 않음

Trappist Beer 06

트라피스트의 여왕

_ **오르발** Orval

어느 백작의 부인이었던 마틸다.
남편을 여읜 미망인이었던 그녀
는 어쩌다 결혼반지를 잃어버리
고 말았다. 낙심한 상태로 강가에
서 주님께 기도를 드렸는데, 놀랍
게도 그때 송어가 입안에 반지를
물고 물 밖으로 나타났다. 마틸다는 기뻐하며 '이곳이 황금계곡 Val d'Or = Valley of Gold 이
구나!' 라고 외쳤고, 그 자리에 수도원을 세우기로 결심한다. 황금계곡을 뜻하
는 Val d'Or에서 따온 명칭인 Orval이 이곳의 지명이자, 수도원과 맥주의 이름
이 된 사연이다.

황금계곡의 전설을 확인하기 위해 로슈포르에서 약 1시간 반을 운전하여 오
르발에 도착하였다.

어랑쥬 가르덴 _A l'Ange Gardien_

오르발 수도원의 입구로 가는 길목의 한 건물이 발걸음을 멈추
게 한다. 바로 오르발 맥주를 맛볼 수 있는 레스토랑인 어랑쥬
가르덴이 있기 때문. 입구에는 깜찍한 송어 입간판이 반겨주

고 있었다.

오르발 맥주는 기본적으로 한 가지 종류만
생산되며 호리병 모양의 디자인과 더불어 마
구간 냄새 비슷한 독특한 풍미가 강한 인상을
준다.

오르발에 대한 호불호는 극명하게 갈리는
데, 바로 쿰쿰한 냄새 때문! 오르발에 사용되는
브렛Brett이라는 효모는 곰팡이 같은 쿰쿰한 향
을 만들어 내는 것이 특징이다. 오르발을 처음으로 마셔보는 사람이라면, '트라
피스트 맥주들은 이렇게 이상한 맛인가?'라고 생각할 수도 있을 것이다. 그러나
이러한 독특한 향에도 불구하고 브렛 효모는 세계적으로 널리 사용될 정도로
맥주 애호가들에게 인기가 많은 맥주 재료이다.

이 레스토랑에서는 두 가지 버전의 오르발 맥주를 판매하는데, 당해에 생산
한 영Young오르발과 1년이 지난 올드Old오르발이 그것이다.

오르발은 병 속에서도 발효작용이 계속 일어나기 때문에 시간이 지남에 따
라 맛이 변한다. 오래될수록 풍미가 고급스러워진다는 평이 많아 이곳에서도
올드오르발이 영오르발 보다 비싼 가격에 판매되고 있었다.

맥주 마니아들에게 쏠쏠한 재미인 비교시음을 위해 영오르발과 올드오르발
각 1병씩을 주문하였다. 올드오르발은 거품이 상당히 풍성하고 탄산감이 적게
느껴져 질감이 부드러운 반면, 영 오르발은 신선한 맥주답게 탄산감이 많고 질
감도 거칠었다. 다만 고작(?) 1년 차이의 맥주인지라 뉘앙스의 차이가 크지는
않았다. 만약 10년 정도는 묵은 오르발을 마셔보면 훨씬 큰 차이가 느껴졌을 것
이다.

이 레스토랑에서는 오르발의 히든맥주를 판매하고 있었으니, 그것은 바로 쁘
띠오르발! Petit는 '작은 것'을 의미. 이번 여행에서 맛본 트라피스트 맥주 중 가장 인상 깊
었던 것을 꼽으라면 개인적인 평가로는 쁘띠오르발이다. 엥켈Enkel타입의 맥주로
서 알코올 도수는 4.5도이며 황금색을 띠고 있는데, 시중에는 유통되지 않고 오

1 영오르발(왼쪽)과 올드오르발
2 잊을 수 없는 쁘띠오르발 생맥주
3 AIP 빈승 치즈로 만든 그라탱

직 이 레스토랑에서만 마실 수 있는 아주 희귀한 녀석이다. 게다가 생맥주로 판
매되고 있으니 그야말로 금상첨화. 검은 글씨가 새겨진 잔에 채워져 나오는 일
반 오르발과 달리 쁘띠오르발은 초록색 글씨가 도드라지는 잔에 서빙되었다.

한 모금 마셔보니 홉향이 입안 가득 느껴져 IPA*가 아닐까 하는 착각이 들 정도였다. 쿰쿰한 향도 거의 없어 거부감 없이 꿀꺽꿀꺽 넘어갔다. 게다가 오직 이곳에서만 경험할 수 있다는 희귀성 때문에 더 훌륭한 맛으로 느껴졌으리라.

주문한 음식들도 상당히 만족스러웠다. 오르발의 치즈 역시 ATP 인증을 받은 만큼 치즈가 들어간 음식과 함께 마신다면 더욱 황홀한 경험이 될 것이다. 매력 넘치는 쁘띠오르발을 한두 잔 더 마신 뒤 수도원 입구로 이동하였다.

오르발 Orval 수도원

오르발 수도원은 많은 시련을 겪어온 곳이다. 13세기에는 무려 100년 동안의 복구 작업이 필요했을 정도로 큰 화재를 겪었고, 17세기의 30년 전쟁과 18세기의 프랑스 혁명으로 여러 번 크게 파괴되기도 했다. 다행히 어느 가문이 폐허가 된 이곳을 구입해 수도회에 기부를 하면서 수도원을 재건하는 계기가 되었다.

오르발 수도원은 내부를 공개하지는 않지만, 별도의 유료 관람 코스가 있다 2018년 기준, 성인 6유로로. 빠르게 둘러봐도 1시간은 족히 걸릴 만큼 볼거리가 다양하다. 입장료를 지불하는 곳에 상점이 있는데, 전용잔과 오프너 등 몇 가지 기념품을 판매하고 있다. 특히 오르발 병 모양의 오프너는 가격도 2유로로 저렴하기 때문에 선물로 제격이다.

관람 코스에 입장하면 철창 너머로 멋진 수도원의 내부 모습을 볼 수 있다. 관람 코스는 정돈이 잘 된 공원에 온 듯한 느낌을 주며, 미술전시관, 약초관, 맥주전시관 등 다양한 테마의 볼거리가 가득하다.

코스를 따라 조금 더 걷다 보면 허물어진 건물과 폐허로 남아있는 공간을 볼 수 있다. 수차례 파괴된 오르발 수도원의 시련이 고스란히 느껴졌다.

---

*아이피에이(IPA) : India Pale Ale의 약자로, 영국이 인도를 식민지로 지배하던 19세기, 본토의 맥주를 그리워하는 영국인들에게 전달하기 위해 오랜 시간 배에 실어 날랐는데, 변질을 막기 위해 페일 에일에 홉을 추가하고 도수를 높인 맥주이다. 오늘날의 크래프트 맥주산업을 성장시킨 스타일로서 국내에서도 가장 인기가 많다.

　마지막으로 수도원과 관련된 유적들이 전시되어있는 곳을 둘러보는 것으로
관람 코스가 끝이 난다.

　맥주와 음식 모두 만족스러웠던 오르발 레스토랑, 그리고 볼거리가 가득한
수도원의 관람 코스까지. 부족할 것이 없었던 오르발 체험을 마치고, 다음 숙소
가 있는 룩셈부르크로 이동하였다.

🚩 *Tip Box*

올드오르발의 맛이 궁금하다면, 우리나라 대형마트에서 여러 병의 오르발을 구입해보자. 그리고 서늘한 곳에 보관하여 각각 1, 2, 3년 뒤 당해 생산된 오르발을 구입하여 비교시음을 해보길. 보관한 것을 깜빡 잊는다면 10년 뒤 멋진 보물이 된 오르발을 발견하게 될 것이다.

⛪ **오르발** Orval
주소 Orval 1, 6823 Florenville
※ 수도원 내부는 입장은 불가능하나 별도의 수도원 관람코스가 있음입장료 지불

🍴 **어랑쥬 가르덴** A l'Ange Gardien
주소 Orval, 6823 Florenville
영업시간 10:30~18:00 또는 21:00
※ 월별로 휴무일 및 영업시간이 변경되니 반드시 홈페이지 확인
홈페이지 www.alangegardien.be/en

👜 **상점**
수도원 관람코스 입구에 위치. 기념품 판매
영업시간 11월~2월: 10:30~17:30
3월~5월, 10월: 09:30~18:00
6월~9월: 09:30~18:30
홈페이지 www.orval.be/en/27/Discovery

_아헬 Achel

국경을 초월하는 맛

룩셈부르크에서 약 3시간 운전해 아헬 수도원에 도착하였다. 이곳은 흥미롭게도 벨기에와 네덜란드의 국경 사이에 세워진 수도원이다. 큰 강이나 산이 아닌 바닥에 그려진 줄 하나가 국경선이 된다니 무척 신기하다.

1648년 네덜란드가 스페인으로부터 독립을 하면서 베스트팔렌 조약을 체결하였는데, 이로 인해 네덜란드에서는 구교인 가톨릭의 예배를 할 수 없게 된다. 이를 피하기 위해 네덜란드 국경을 살짝 넘은 곳에 예배당을 만든 것.

이는 점차 발전하면서 수도원이 되었지만 곧이어 일어난 프랑스 혁명으로 파괴되고 만다. 이후 베스트말레의 수도승들이 이곳을 재건하면서 맥주를 양조하기 시작했으나, 제1차 세계대전으로 또다시 파괴되었고, 구리 공급을 위해

선 하나로 나누어진 국경

양조시설마저 해체되었다. 다행히 제2차 세계대전 이후 수도원이 재건되었고, 베스트말레와 로슈포르 수도승들의 도움으로 새 양조장을 건설하게 되면서 지금까지 맥주 생산을 이어오고 있다.

아헬 Achel 수도원과 레스토랑

아헬 수도원은 내부 관람이 불가하고, 예배당도 공개되고 있지 않지만 실망하기에는 이르다. 수도원의 한켠에 일반인들이 출입할 수 있는 광장이 있는데, 이곳에는 맥주를 판매하고 있는 레스토랑과 상점이 위치해 있기 때문!

아헬 맥주의 대표적인 두가지 종류는 바로 8% 도수의 블론드 Blond 와 브륀 Bruin 이다(블론드와 브륀은 짝궁처럼 같은 도수로 함께 생산되는 경우가 많다). 블론드 타입이라고 하면 보통 6~7%의 도수를 가진 청량한 느낌의 맥주를 일컫는데, 아헬의 블론드는 도수가 8%인데다가 풍미와 향이 더 진하고 묵직

블론드+브륀의 대표적인
사례인 레페

한 감이 있어서 일반적인 블론드와는 다소 차이가 느껴진다. 또한 브륀은 브라운이라는 의미처럼 갈색을 띠며, 맥아의 탄 맛과 구수함이 인상적이다. 그러나 아헬 레스토랑에 방문한다면 8%의 대표맥주가 아닌, 오직 이곳에서만 맛볼 수 있는 저도수의 생맥주를 마셔보길 강력하게 추천한다.

🚩 Tip Box

아헬 수도원은 8% 도수의 맥주 외에도, 저도수 7%의 블론드와 브륀, 고도수 9.5%의 블론드와 브륀도 생산하고 있다. 즉, 총 여섯 종류 중에서 8%의 맥주만 시중에 유통되며, 7%와 9.5%는 아헬 수도원 안에 있는 레스토랑에서만 만날 수 있는 것이다.
본래 5%의 생맥주가 있었지만, 2017년부터는 많은 사람들이 더 선호하는 7%로 바뀌었다고 한다. 이처럼 도수는 고객들의 선호에 따라 매년 변경될 수 있다고 한다.

수도원 광장에서 마시는 아헬

　　조각케익이나 수프 같은 간단한 음식을 급식처럼 직접 쟁반에 받아오는 시스템도 이곳의 독특한 매력이다. 음식과 맥주를 받아왔으면 실내 테이블보다는 야외로 나오길 추천한다. 수도원 담장으로 둘러싸인 탁 트인 광장에서 맥주를 마시는 것은 오직 아헬 수도원에서만 누릴 수 있는 장점이기 때문. 다른 수도원들은 레스토랑이 있더라도 조금 떨어진 곳에 위치하기 마련인데, 이곳은 수도원 안에 있으니 그야말로 낙원처럼 느껴지는 곳이다.

　　야외 테이블에 맥주를 놓고 사진을 찍다 보면 주변의 할아버지들이 힐끔 쳐다보곤 한다. 말은 통하지 않아도 미소로 화답하며 여유 있게 맥주를 마신다면 더욱 맛있게 느껴질 것이다.

　　블론드는 사과 같은 상큼한 과일향과 벨기에 맥주 특유의 알싸한 맛이 풍겨 나왔다. 쉽게 마실 수 있도록 저도수로 만들어져 상쾌한 뒷맛이 들었다. 브륀은

갈색에서 느껴지는 것처럼 달달한 캐러멜 맛과 약간의 구수함이 어우러졌다. 수도원의 분위기에 취해 금세 두 잔을 비웠고, 일어서기가 아쉬워 마음에 들었던 7% 블론드 생맥주 한 잔을 더 마셨다.

광장으로 들어가는 입구 쪽에는 작은 상점이 보였는데, 안으로 들어서니 대형마트를 방불케 했다. 몇 가지 맥주와 소품 정도만 판매하는 다른 수도원의 상점과는 차원이 달랐다. (괜히 입구에 쇼핑 카트가 있던 것이 아니었다!)

아헬 맥주뿐만 아니라 다른 트라피스트 맥주들이 상자째로 쌓여있고, 선물 패키지를 비롯해 수십 종류의 벨기에 맥주들이 경쟁하듯이 진열되어 있었다.

유명 맥주 브랜드들의 전용잔들도 겹겹이 쌓여 있어 구경하느라 눈이 바쁠 지경이었다. 이제까지 방문했던 수도원 상점들의 맥주와 소품들을 다 합해도 이곳에 비하면 보잘 것이 없을 정도의 규모. 이미 캐리어에는 맥주를 추가 구매할 공간이 없었기에 망정이지 자칫하면 쇼핑카드를 가득 채워 왔을지도 모르겠다. 들뜬 마음을 겨우 가라앉히고 유니크해 보이는 아헬 맥주 전용잔 2개를 구매했다.

벨기에와 네덜란드의 국경을 넘나들어 흥미로운 곳, 수도원 담장 안의 광장에서 맥주를 즐길 수 있어 더욱 만족스러웠던 곳. 아헬 수도원의 방문을 기분 좋게 마치고 라트라페 수도원이 있는 네덜란드의 아담한 도시, 틸부르흐로 향하였다.

아헬 Achel
주소 De Kluis 1, 3930 HamontAchel
※ 레스토랑이 있는 수도원 광장만 입장 가능

레스토랑
수도원 광장내 위치
영업시간 5~9월 : 11:00 ~ 17:30 월요일 휴무
10~4월 : 12:00 ~ 17:00 월요일 휴무
홈페이지 www.achelsekluis.org/pageNL/frame.html?loc=http://www.achelsekluis.org/pageNL/herberg.html&gr=3

상점
수도원 광장내 위치. 맥주 및 기념품 판매
영업시간 화~토 : 09:00 ~ 12:00, 12:30 ~ 17:00 휴무 일, 월
홈페이지 www.achelsekluis.org/pageNL/frame.html?loc=http://www.achelsekluis.org/pageNL/voedingswinkel.html&gr=3

트라피스트계의 마당발

_ 라트라페 La Trappe

너무 상업적으로 변질되었다는 이유로 ATP 인증을 박탈당한 이력이 있는 맥주, 전통을 그대로 지켜가면서도 매우 다양한 스타일의 맥주를 만들어내고 있는 곳, 바로 라트라페다. 프랑스에 있는 지명을 그대로 이름 붙인 라트라페는 네덜란드 틸부르흐Tilbrug에 위치한 코닝스호벤Koningshoeven 수도원에서 생산되고 있다.

코닝스호벤 수도원은 1881년, 황무지에 가까웠던 이곳에 프랑스로부터 피난 온 수도승들이 정착하면서 건설되었다. 그리고 수입원이 필요했던 수도승들은 맥주를 만들기 시작했는데, 점차 인기를 얻게 되면서 양조장을 확대하여 생산량을 점차 늘려갔고, 마침내 벨기에를 대표하는 맥주회사 스텔라 아르투아와 협업하기 시작했다.

이후 신제품 출시, 양조장 현대화 과정을 거쳐 1999년에는 네덜란드의 대형 회사인 바바리아사와 계약을 맺고 자회사를 만들어 대량 생산하기에 이른다.

하지만 이처럼 너무나 상업적으로 변했다는 이유로 ITA는 라트라페의 ATP 인증을 박탈해버리고 만다. 다행히 2005년, 수도승들이 맥주 생산에 더 많이 참여하겠다는 약속을 하고 ATP 인증을 되찾게 된다.

아헬 수도원으로부터 1시간 정도 운전하여 틸부르흐에 위치한 호텔에 도착하였다. 체크인 후, 20분 정도 걸어가니 마치 중세의 요새 같은 수도원 입구의 모습이 보였다.

코닝스호벤 수도원은 트라피스트 수도원 중에서도 상당히 개방적인 면모를

1 1891년 새로 건설된 양조장
2 코닝스호벤 수도원의 입구
3 쿼드루펠 오크에이지드

🚩 **Tip Box**

투어는 총 3가지가 있다. 견학(1.5시간), 견학 및 맥주 시음(3시간), 견학과 맥주 시음, 음식 제공(3시간). 투어 가능 시간은 홈페이지 참고.

보이는데, 바로 브루어리 투어를 제공하기 때문이다. 홈페이지로 쉽게 예약이 가능하며 거의 매일 투어가 진행된다. 꽁꽁 숨겨져 있어 신비감마저 드는 트라피스트 수도원들과 달리, 내부의 양조시설을 직접 구경할 수 있다니! 웬만해서는 놓치지 말아야할 기회. 투어에는 예전에 사용됐던 양조시설을 비롯해 수도원에서 직접 경작하는 밭, 그리고 새로 지어진 건물의 양조시설과 생산라인까지 둘러볼 수 있다.

수도원 입구 옆쪽에는 상점과 레스토랑으로 가는 길이 있고 작은 출입문을 통과하면 바로 상점이 보인다. 맥주 관련 상품 외에도 다양한 물건들을 볼 수 있는데, 이는 코닝스호벤 수도원이 치즈, 빵, 초콜릿, 꿀 등도 ATP 인증을 받았기 때문이다. 특히 트라피스트 초콜릿을 맛보는 것은 색다른 경험이 될 것이다.

상점에서 판매하고 있는 맥주 종류도 많은데, 이 중에서 하나만 꼽으라면 쿼드루펠 오크에이지드Quadrupel Oak Aged를 추천한다. 완성된 맥주를 나무향이 가득한 오크통에 넣어서 숙성시키는 방식으로, 생산할 때마다 약간씩 다른 레시피로 만들기 때문에 라벨에 번호를 매겨 어떤 제품인지 표시해 놓는 유니크한 맥주이다.

프루플로칼 Proeflokaal

상점을 지나 조금 더 걸으면 레스토랑이 보인다(레스토랑 입구에는 테이스팅룸이라는 뜻의 Proeflokaal라고 표기되어 있다). 건물 외관은 다소 허름하지만, 내부는 최고급 라운지바의 분위기가 흐른다. 세련된 그림들, 탁자에 놓인 꽃병과 은은한 조명 속 양초들이 이러한 느낌을 더한다.

라트라페 맥주의 라인업은 총 9가지이며, 트라피스트 맥주 중에는 가장 많은 종류를 생산하고 있다.

라트라페의 9가지 맥주

그중 8가지를 이곳에서 생맥주로 맛볼 수 있다니! 가히 트라피스트 최고의 펍이라 할 수 있지 않을까. 역시나, 나는 이미 맥주 메뉴판에 나열된 순서대로 모든 맥주를 주문하고 있었다.

먼저 푸어PUUR와 윗witte을 골랐다. 푸어는 고품질의 유기농 재료를 사용해서 유기농 인증까지 받은 맥주로, 건강한 이미지를 가지고 있다(맥주에 건강한 이미지라니 참 아이러니하다). 4.7%의 낮은 도수로 부드럽게 넘어갔으며 맛도 깔끔하고 청량했다. 윗은 벨지안 윗비어 스타일로, 트라피스트 가운데 유일한 밀맥주인 것이 특징이다. 묵직하면서도 부드러운 바디감과 은은한 바나나향이 입맛을 돋우는 매력을 지니고 있다.

1 푸어(오른쪽)와 윗
2 블론드와 듀벨
3 쿼드루펠 오크에이지드

이어서 맛본 블론드Blond와 듀벨Dubbel. 블론드는 달콤하면서도 쓴맛이 매력적
이었고, 듀벨은 캐러맬과 말린 과일향이 함께 느껴졌다.

다음은 복비어Bockbier와 이시도르Isid'or. 복비어는 트라피스트 맥주 중에서 유일
한 복Bock*스타일의 맥주로서, 은은하게 느껴지는 쓴맛이 매력적이다. 이시도르
는 수도원 양조장의 첫 브루마스터였던 이시도르 형제를 기리는 맥주로 호박색
을 띠는 것이 독특하였다.

이어서 트리펠Tripel과 쿼드루펠Quadrupel. 트리펠은 여느 트리펠 스타일처럼 꽃향
과 함께 달콤한 과일 향이 느껴졌다. 쿼드루펠은 진한 캐러맬과 건포도 향과 함
께 부드러운 질감을 가지고 있었다. 향미가 살아있으면서 진득한 느낌이 목젖

*복(Bock): 일반적인 맥주보다 더 많은 원료와 긴 숙성기간을 거쳐 맛이 강하고 도수가 높다. '바이젠복'과 같이 다
른 맥주 스타일 명칭의 후미에 붙어 해당 스타일이 강화된 독한 맥주라는 의미를 갖기도 한다. 또한 독일어로 '복'은
염소를 뜻하기 때문에 복 스타일의 맥주에 염소 그림이 그려진 경우가 많다.

을 어루만져 준다.

마지막을 장식한 쿼드루펠 오크에이지드. 생맥주로 마신 이전의 맥주들과 달리 병맥주로만 마실 수 있었다. 오크통에 숙성한 맥주답게, 입에 머금는 순간 나무의 느낌이 담긴 진한 위스키 향이 혀를 휘감았다. 맥주에서 느껴지는 위스키향이라니, 이 독특한 풍미를 천천히 음미하면서 잔을 모두 비웠다.

'9가지 맥주 맛보기'라는 목표를 완수했다는 만족감을 품고 수도원을 나오니 방금 전까지 보지 못했던 수도원의 아름다운 외관이 눈에 들어왔다. 노을이 지고 있는 풍경을 바라보며 잃어버리고 있었던 일상의 잔잔한 여흥이 되살아나는 듯한 기분이 들었다.

천천히 걸어서 도착한 숙소의 시계는 아직 저녁 7시도 채 가리키고 있지 않았기에, 이 분위기를 이어가는 맥주파티가 열리고야 말았다.

🏰 코닝스호벤 Koningshoeven
주소 Eindhovenseweg 3, 5056 RP BerkelEnschot
※ 수도원 내부 입장은 불가능하나, 투어를 예약하면 수도원 내부 일부와 양조장 관람 가능

🍴 레스토랑
수도원 측면에 위치
영업시간 4월~10월 : 월~토 : 11:00~19:00. 일 : 12:00~19:00
11월~3월 : 월~토 : 11:00~18:00. 일 : 12:00~18:00
※ 임시 휴무일이 있으니 반드시 홈페이지 확인
홈페이지 https://www.latrappetrappist.com/en/visit-us/the-tasting-room/

👜 상점
수도원 측면에 위치
영업시간
1월~3월 : 화~금 : 13:30~17:00, 토 : 12:00~18:00, 일 : 15:00~16:45
4월~10월 : 월 : 13:30~18:00, 화~일 : 12:00~18:00
11월~12월 : 월 : 13:30~17:00, 화~금 : 12:00~17:00, 토 : 12:00~18:00. 일 : 15:00~16:45
※ 임시 휴무일이 있으니 반드시 홈페이지 확인
홈페이지 https://www.latrappetrappist.com/en/visit-us/abbey-gift-shop/

Course.4

달콤한 예술의 도시
브뤼셀

Brussels

브뤼셀

예술의 도시이자 미식의 도시, 유럽에서 가장 아름다운 도시 중 하나라고 평가받는 곳, 바로 벨기에의 수도 브뤼셀이다. 브뤼셀의 상징인 오줌싸개동상Manneken Pis을 비롯해 아름다운 건축물들로 둘러싸인 그랑플라스Grand Place, 예술의 언덕과 생미셸 성당 등 볼거리가 가득하다.

또한 와플, 초콜릿, 감자튀김, 홍합요리 등 다양하고 우리 입맛에 잘 맞는 음식들이 많아 식도락 여행을 즐기기에도 더할 나위 없는 도시이기도 하다.

브뤼셀은 수도답게 펍의 수가 많기 때문에 벨기에의 여러 도시들 중에서도 맥주를 즐기기에 완벽에 가까운 곳이다. 특히 람빅을 만드는 브루어리들은 이 책을 읽는 독자라면 꼭 한번 방문해야 할 곳으로 추천하고 싶다.

브뤼셀에서 방문하기 좋은 브루어리와 펍 9곳을 소개한다.

단돈 1유로로 먹을 수 있는 와플

🍾 맥주 산책로

1. 칸티용 - 람빅맥주의 최고봉

2. 모에더람빅 - 브뤼셀 1등 펍

3. 누엣니지너 - 벨기에 음식과 맥주를 함께 즐기는 곳

4. 데릴리움 카페 - 세계에서 가장 많은 맥주 종류를 취급하는 것으로 기네스북에 오른 브뤼셀 최고 인기 펍

5. 드리 폰타이넌 - 칸티용과 더불어 람빅 맥주의 양대산맥

6. 오드 비어셀 - 전통 람빅맥주의 강자

7. 도스트 - 전 세계를 통틀어 최고의 펍

8. 앙커 - 벨지안에일의 정수인 카롤루스 맥주를 만드는 곳

9. 보스틸스 - 손꼽히는 세 가지 맥주를 만드는 곳

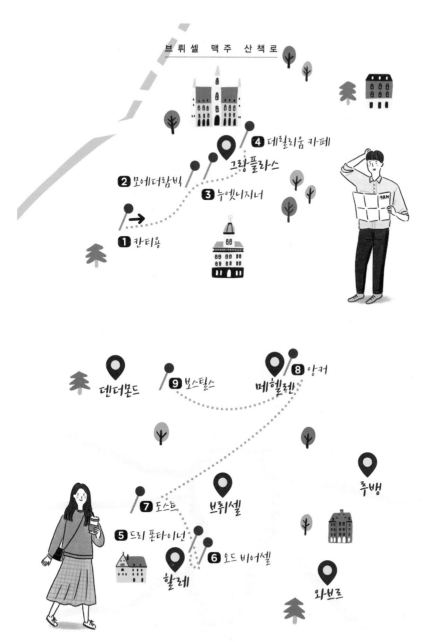

브뤼셀 맥주 산책로

4 데릴리움 카페
그랑플라스
2 모에더람빅
3 누엣니지너
1 칸티용

9 보스틸스   **8** 앙커
덴더몬드   메헬런
루뱅

7 도스트   브뤼셀
5 드리 폰타이넌
6 오드 비어셀
할레
와브르

칸티용 ➜ 모에더람빅 ➜ 누엣니지너 ➜ 데릴리움 카페 ➜ 드리 폰타이넌
➜ 오드 비어셀 ➜ 도스트 ➜ 앙커 ➜ 보스틸스

Brussels

Cantillon
_ 칸티용

시내에서 15분 정도만 걸어가면 람빅맥주의 최고봉이자 맥주 마니아들에게는 브뤼셀의 1순위 방문지로 꼽히는 칸티용 양조장에 도착한다.

칸티용 양조장은 투어코스를 제공하고 있는데, 한 시간 반 동안 영어로 진행되는 가이드투어도 있지만(홈페이지 예약필요), 예약이 필요 없는 셀프투어를 하는 편이 더 좋아 보인다.

자칫하면 지나칠 수 있는 외관이니 눈여겨보고 찾아가자

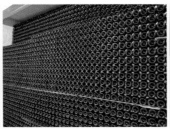

셀프투어 입장료를 지불하면, 직원이 코스를 안내해주고 양조장에 대해 5분가량 설명을 해 준다. 그 이후에는 정해진 코스를 돌며 자유롭게 구경하면 된다. 코스는 총 8곳으로 분류되어있는데, 가이드 팸플릿에 잘 설명이 되어있으니 읽어보면서 둘러보면 도움이 될 것이다.

투어에서 특히 인상적이었던 점은 낡아 보이는 설비와 재래식 도구들이 많다는 것이다. 물론 몇몇 최신식 설비도 보이긴 하지만 전통방식의 람빅 양조장다운 면모를 제대로 감상할 수 있다.

투어코스를 마치고 나면 맥주 두 잔을 마실 수 있는 시음코너가 기다리고 있는데, 람빅, 크릭, 괴즈가 준비되어 있었다. 비교 시음을 하면 재미있을 것 같아, 아무것도 섞이지 않고 1년 정도 숙성된 람빅과 2~3년 정도 숙성된 올드람빅에 1년 정도 숙성된 영람빅을 섞은 괴즈를 선택해보았다. 람빅은 시큼한 특색이 강하였고, 괴즈는 람빅에 비해서 안정된 맛이 느껴졌다.

시음공간에서는 칸티용의 기본 라인업 이외에 한정판 맥주들도 판매하고 있는데, 이것을 맛보는 것이 이곳의 하이라이트라고 할 수 있다. 판매되는 맥주들은 그때그때 다르지만, 대부분이 시중에서는 구하기 힘든 희귀한 것들이기 때문이다. 다만 아쉬운 점은 대부분의 맥주들이 750ml의 큰 병으로 제공되어서, 한두 명이 마시기에는 부담된다는 것이다. 또한 맥주를 주문하면 그 자리에서 뚜껑을 오픈하기 때문에 희귀맥주를 구입했더라도 가지고 나갈 수가 없다(물론 물병을 챙겨 와서 담아갈 수는 있겠지만).

🚩 Tip Box
홈페이지에는 당일 마실 수 있는 맥주 목록이 있기 때문에 미리 확인하면 도움이 된다.

1 에릭이 마시고 있던 루페페 크릭
2 지름신에 자극을 받아 구입한 코스터

　그래서 이곳에서 가장 요긴한 방법은 맥주 공유쉐어다. 이곳은 그야말로 맥주의 성지이기 때문에 언제 방문하더라도 주위에 맥주 마니아들을 쉽게 발견할 수 있을 것이다. 쑥스럽더라도, 서로 다른 맥주를 공유하며 맛보자고 먼저 제안해보는 것도 현명한 방법이다. 나는 혼자 있던 에릭이라는 미국인에게 다가가 인사하고 맥주 쉐어에 성공하였다. 에릭 역시 750ml의 큰 병을 혼자 마시고 있었기에, 나와 공유하는 것을 무척 반가워했다.

　에릭이 마시던 맥주는 루페페 크릭Lou Pepe Kriek. 루페페는 소량만 생산되는 한정판 맥주로 괴즈, 크릭, 프람브와즈가 있으며, 기본 라인업인 괴즈, 크릭, 드감브리너스에서 한 단계 발전시킨 버전이다. 루페페 크릭은 기본 크릭보다 더 질 좋고 많은 양의 체리를 첨가한 것이 특징이다. 시음으로 마셨던 크릭과 비교해 좀 더 진한 빨간색을 띠었고 입에서 와인향이 느껴질 정도로 굉장히 부드러웠다.

내가 골랐던 세인트 질루아즈Cuvee Saint-Gilloise는 축구팀에서 이름에서 따온 맥주로서, 신선한 홉을 넣은 것이 특징이다. 개인적으로는 다소 거친 질감과 깊지 않은 풍미 때문에 다소 아쉬움이 남았다. 다행히 맥주 쉐어 덕분에 내가 시켰던 꾸베 세인트 질루아즈보다 훨씬 기억에 남는 맥주를 맛볼 수 있었다.

시음 공간 맞은편에는 상점이 자리 잡고 있었다. 칸티용의 기본 라인업 맥주를 비롯해 전용잔과 티셔츠, 후드집업 등 다양한 상품들이 진열되어 있다. 포스터와 코스터도 판매하고 있는데, 그림들이 하나하나 미술작품 같기 때문에 구매욕구를 꽤나 자극한다.

맥주 마니아들은 브뤼셀에서 여행하는 동안 매일 칸티용 브루어리의 시음공간으로 출퇴근(?)을 한다고 하니, 가히 맥주의 성지이자 브뤼셀 맥주를 대표하는 곳이라고 할 수 있다. 람빅이라는 맥주가 낯선 여행자에게도 이곳은 상큼한 매력을 가진 충분히 매력 있는 여행지가 될 것이다.

 칸티용

주소 Rue Gheude 56, 1070 Anderlecht
영업시간 10:00~17:00 (마지막 입장 16:00) 휴무 수,일
※ 자세한 휴무일은 홈페이지 참고
홈페이지 www.cantillon.be
※ 브루어리 투어: 영업시간 내에(16시 이전 입장) 예약 없이 셀프투어 가능.
가이드 투어는 홈페이지 예약필요

람빅 Lambic

람빅은 어떤 맥주일까.

일반적으로 맥주를 분류한다면 하면발효(발효 후 효모가 가라앉는 형태)의 라거와 상면발효(발효 후 효모가 상층부에 뜨는 형태)의 에일로 크게 나뉜다. 하지만 여기에 한 가지 분류를 더할 수 있는데, 바로 자연 발효 방식인 람빅이다. 외부 공기를 차단하고 효모를 직접 투입하여 만드는 라거/에일과 달리, 람빅은 공기에 맥주를 노출시켜서 야생효모와 각종 미생물을 받아들인 뒤, 오크통에 넣어 6개월에서 3년까지 보관하면서 숙성을 시킨다. 이러한 생산 방식에 적합한 미생물들이 브뤼셀 남서쪽의 마을 렘비크의 대기 중에서 많이 발견되어서 람빅Lambic의 어원이 되었다고 한다.

람빅은 홉의 특성은 전혀 드러나지 않는 것이 맛의 특징으로, 오랜 기간 보관해야 하는 람빅의 특성상 홉의 역할 중 풍미에 주는 영향은 거의 없고 방부효과만 필요하여 의도적으로 말라버린 홉을 사용했기 때문이다.

오크통에서 숙성 중인 람빅 – 칸티용 양조장

오드 비어셀 양조장 투어중 시음한 스트레이트 람빅

드리 폰타이넌의 괴즈

그렇다면 람빅의 맛은 어떨까? 식초가 연상될 정도로 매우 시큼한 맛 때문에 처음에는 거부감이 들 수도 있다. 그러나 익숙해지면 은은한 과일향과 의외의 단맛까지 느낄 수 있으며 질 좋은 와인처럼 맛볼수록 빠져들게 되는 매력이 있다.

람빅은 크게 스트레이트 람빅_{Straight Lambic}, 괴즈_{Gueuze}, 프룻 람빅_{Fruit Lambic}으로 나뉜다. 보통은 서로 다른 오크통에 숙성된 맥주를 섞는 방식으로 제품을 출시하는데, 섞지 않은 하나의 오크통에서 나온 것을 스트레이트 람빅이라고 부른다. 말 그대로 섞이지 않았기 때문에 언블렌디드 람빅_{Unblended Lambic}이라고도 한다. 시중에는 거의 내놓지 않기 때문에 양조장을 방문했을 때 즉석에서 맛보는 기회를 놓칠 수 없다.

괴즈는 람빅의 가장 대표적인 스타일로서 보통 1년 이하의 영 람빅_{Young Lambic}과 2~3년의 숙성을 거친 올드 람빅_{Old Lambic}을 섞은 것이다. 이렇게 섞인 맥주가 병에 들어간 뒤, 계속해서 발효가 진행되기 때문에 시간이 지남에 따라 풍미가 깊어지게 된다. 양조장마다 괴즈를 만들 때 사용되는 맥주의 연식이 다르고 섞는 비율 또한 차이가 나게 된다. 괴즈는 수많은 맥주 애호가들이 열광하는 스타일로, 10년 이상 숙성된 괴즈는 상상이상의 가격에 거래되기도 한다. 참고로 구하기 힘든 한정판 맥주를 애호가들 사이에서는 화이트웨일White Whales: 흰 돌고래이라고 부르며, 그중에서도 람빅의 수요가 많아 맥주 거래 사이트에서는 3천 달러 이상을 웃돌기도 한다.

마지막으로 람빅에 과일을 넣어서 추가적으로 숙성을 시킨 것이 프룻 람빅이다. 어떤 과일을 넣느냐에 따라서 이름이 붙는데, 라즈베리를 넣으면 프람브와즈Framboise, 복숭아는 페쉬Pêche, 블랙 커런트가 들어가면 카시스Cassis라고 불린다. 전통적으로 가장 널리 사용되는 것은 바로 체리. 크릭Kriek이라고 부르며 빨간색을 띠면서 시큼한 체리 본연의 향이 느껴지고 괴즈에 비해 텁텁함이 적은 것이 특징이다.

🚩 Tip Box

과일을 첨가한 프룻 람빅과 다르게 설탕을 넣어서 추가적인 숙성을 시키는 것을 파로(Faro)라고 부른다.

린데만스의 다양한 프룻 람빅

람빅은 특유의 시큼한 때문에 대중적인 인기는 얻지는 못하였다. 이를 극복하기 위해 나온 것이 바로 스위트 람빅Sweeet Lambic이다. 과일 주스나 설탕 등 인공적인 단맛을 추가하여 신맛을 줄이고 마치 과일 주스를 마시는 것 같은 달콤함을 준다. 스위트 람빅은 바나나, 사과, 파인애플 등 다양한 유형의 과일이 첨가된 '프룻 람빅'으로 출시되고 있다. 반면 스위트 람빅을 배제하고 꿋꿋하게 전통방식으로만 람빅을 생산하는 곳들도 있다. 이들은 전통을 강조한다는 의미로 오드Oude 오래된라는 명칭을 맥주 이름에 주로 붙이고 있다. 이러한 전통방식을 고수하는 람빅 양조장들은 대중적이지 않은 탓에 한때 경영위기를 겪기도 했으나, 칸티용 양조장처럼 맥주박물관을 운영하여 방문객을 끌어 모으거나 양조장 연합체를 결성하는 등의 각고의 노력을 통해 현재는 전 세계의 맥주 애호가들에게 사랑받는 인기 있는 양조장이 되었다. 또한 최근 우리나라 양조장에서도 람빅 제조방식으로 맥주를 생산하고 있을 만큼 국내의 람빅 인기 또한 높아졌다.

Tip Box
전통방식의 람빅 양조장은 칸티용(Cantillon), 드리 폰타이넌(3 Fonteinen), 오드 비어셀(Oud Beersel), 분(Boon), 틸퀸(Tilquin) 등 10여 곳이 존재한다.

Moeder Lambic
_ 모에더람빅

만약 브뤼셀 시내에서 단 하나의 펍만 들러야 한다면? 고민할 필요 없이 모에더 람빅에 가면 될 것이다. 맥주 평가 사이트인 레이트비어 RateBeer 에서 브뤼셀 지역 펍 중 1등을 차지하고 있기 때문이다. 참고로 모에더 Moeder 는 Mother라는 뜻으로 모에더 람빅은 '람빅의 어머니' 정도로 해석되겠다.

모에더람빅은 브뤼셀에 2개 지점이 있는데, 그 중 퐁테나스 Fontainas 지점은 브뤼셀 시내에서 접근성이 매우 좋다. 나 역시 숙소에서 가까운 퐁테나스에 방문하였다.

내부에 들어서니 세련된 인테리어와 고급스러운 분위기가 한껏 느껴졌다. 서빙 공간에 진열된 맥주병들과 전용잔들은 맥주 여행객의 마음을 설레게 하는 데 충분했다.

로맨스 영화에나 나올 것 같은 외관을 지닌 모에더람빅

모에더람빅에서는 30~40개의 생맥주를 취급하고 있었는데, 다른 양조장과 협업해서 생산한 두 종류의 자체맥주가 눈에 띄었다.

첫 주문은 자체맥주 중 하나인 라멀 데스 무덜스 L'Amer des Moeder's. 얀드레인-얀트레누이어 Jandrain-Jandrenouille라는 벨기에의 작은 브루어리에서 모에더람빅을 위해 생산하는 맥주이다. 맑은 색상을 띠어 시원한 느낌을 주며, 가벼운 과일향이 지니면서도 올라오는 강한 홉향이 즐거움을 선사한다.

라멀 데스 무덜스와 라 무더레션 그리고 볶은 맥아

그리고 직원의 추천을 받아 같은 브루어리에서 생산된 라 무더레션La moederation도 주문하였다. 사실 서빙된 두개의 맥주보다 눈이 가는 것이 있었으니, 바로 기본 안주로 제공되는 '볶은 맥아'였다. 맥주의 재료인 맥아Malt를 안주로 내놓다니. 밋밋하지만 은은한 맛이 의외로 맥주와 잘 어울리고 오독오독 씹는 재미도 있다. 최근 국내에서도 기본안주로 볶은 맥아가 나오고 있는 것도 이곳에서 발견한 아이디어가 아닌가 싶다.

다음 주문을 위해 펼쳐 본 메뉴판에는 람빅 라인업이 눈길을 사로잡았다. 특히 맥주 이름 옆에 적힌 캐스크Cask는 맥주가 담긴 나무통을 의미한다. 흔히

Spontaneous Fermentation는 자연적 발효라는 의미로서 람빅맥주를 뜻한다

SPONTANEOUS FERMENTATION
FERMENTATIONS SPONTANÉES · SPONTANE GISTING

• **Gueuze Cantillon**	5 %	25 cl - 4,80 €	50 cl - 9,20 €
			Cantillon
• **Gueuze Tilquin** "Draft version"	4,8 %	25 cl - 4,80 €	50 cl - 9,20 €
			Tilquin
• **Lambic Cantillon** "Cask"	5 %	25 cl - 3,60 €	50 cl - 6,80 €
			Cantillon
• **Kriek Cantillon** "Cask"	5 %	25 cl - 5,00 €	50 cl - 9,60 €
		Cantillon - Cuvée Moeder Lambic	
• **Framboise Cantillon** "Cask"	5 %	25 cl - 5,00 €	50 cl - 9,60 €
		Cantillon - Cuvée Moeder Lambic	

생맥주라고 하면 발효와 숙성이 끝난, 소위 완성된 맥주가 철제통에 담겨 유통되는 것을 떠올리지만, 이와 달리 양조장에서 발효를 마친 뒤, 숙성은 하지 않고 캐스크에 담겨 펍으로 유통되는 전통방식이 있다. 관리에 어려운 점이 많아 최근에는 찾아보기 어렵지만 이곳에서는 캐스크에 보관하여 숙성을 시킨 것을 손님에게 내어주고 있는 방식을 사용하고 있으니, 당연히 놓칠 수 없는 기회이다 (특히 칸티용 맥주는 거의 병으로만 유통되기 때문에 캐스크 맥주는 더욱 특별하다).

칸티용 캐스크 맥주 3가지 (람빅 Lambic, 크릭 Kriek, 프람브와즈 Framboise)를 주문하였다. 칸티용 람빅은 스트레이트 람빅 스타일로서 1년 정도 숙성된 람빅 그 자체이다. 냄새만 맡아도 침이 고일정도로 시큼한 향이 특징인데, 실제로 마셔보면 표정이 일그러질 정도로 시큼한 맛은 아니었다. 신맛에 조금씩 익숙해지면서 자신도 모르게 저절로 손이 가게 되는 독특한 매력을 가졌다. 크릭은 체리가 듬뿍 들어간 맥주답게 짙은 신맛이 단맛의 빈자리를 차지하고 있었다. 라즈베리산딸기를 넣어 만든 프람브와즈는 크릭보다 신맛이 완화된 느낌이라 좀 더 편안하게 마실 수 있었다.

상큼한 람빅의 매력에 흠뻑 빠진 나와는 달리 씁쓸한 홉향이 베인 페일 에일 *을 선호하는 아내는 아메리칸 페일 에일 타입인 노이지 페일 에일 Noisy pale ale 을 주문했다. 아내는 '역시 이런 맛이 나는 게 맛있는 맥주지'라며 람빅을 즐기는 나를 신기하게 바라보았다.

칸티용 캐스크 맥주를 맛 본 뒤, 마지막으로 선택한 것은 틸퀸 괴즈 Tilquin Gueeze. 틸퀸은 다른 양조장에서 생산된 람빅을 구입해 들여오는 독특한 양조장이다. 들여온 람빅을 블렌딩하고 발효와 숙성 과정을 거쳐 제품화하기 때문에, 양조장이라기보다는 '괴즈 생산소'라고 불리는 곳이다. 이미 입안을 가득 채우는 칸티용의 시큼함이 남아 있어서 아쉽게도 틸퀸 괴즈의 디테일한 맛까지 제대로 음미할 수는 없었다. 하지만, 훌륭한 평가를 받고 있는 틸퀸 괴즈의 평판이 이미 마음속에 자리 잡고 있어서인지 맥주 본연의 맛을 체험하고 있다는 흥겨움에

* 페일 에일 Pale Ale: 라거와 대비되는 에일의 대표적인 스타일의 맥주로서 밝은 색을 띠며 홉의 쓴맛이 나는 것이 특징이다.

몇 잔을 추가로 비웠다.

틸퀸 괴즈

'람빅의 어머니'라는 펍의 이름답게 다양한 람빅맥주들이 구비되어 있어 만족감을 높였고, 여러 나라의 스타일 맥주까지 준비되어있는 점도 훌륭했다. 맥주를 추천해주는 직원의 태도 역시 친절함이 묻어났기 때문일까, 브뤼셀 1등 펍이라는 명성이 아깝지 않은 곳이었다. 브뤼셀에 다시 방문할 기회가 온다면 첫걸음은 고민할 필요 없이 모에더 람빅일 것이다.

🚩 Tip Box

모에더람빅에는 기본메뉴판 이외에 병맥주 메뉴판이 따로 있다. 칸티용 한정판 맥주를 비롯해, 몇 년 동안 숙성된 맥주들도 있으니 좀 더 특별함을 원한다면 병맥주 메뉴판을 요청해보자.

🍺 **모에더람빅 (퐁테나스 Fontainas 지점)**
주소 Place Fontainas 8, 1000 Bruxelles,
영업시간 월,화,수,목,일 : 11:00~01:00 금,토 : 11:00~02:00
홈페이지 www.moederlambic.com

Nüetnigenough
_ 누엣니지너

'아무리 먹어도 질리지 않는다'는 의미를 가진 누엣니지너. 모에더람빅 다음으로 레이트비어에서 브뤼셀에 있는 펍과 레스토랑 중 2위를 차지하고 있는 레스토랑이다. 전날 방문한 모에더람빅이 무척 만족스러웠기에, 누엣니지너 역시 기대감을 가득 안고 가게로 입장했다.

2인용 테이블 10개정도가 마련된 아담한 크기에 천장이 매우 높고 맥주병들로 장식이 되어있는 것이 눈에 띄었다. 현지에서도 맛집으로 통하고 있는지 모든 테이블에 손님들로 가득했다.

🏳 **Tip Box**

홈페이지에 음식과 음
료 메뉴판이 잘 나와 있
으니 방문 전 미리 확인
하고 가자

레스토랑에 온 만큼 음식부터 주문하기 위해 요리 메뉴판을 살펴
보니, 가장 상단에는 맥주를 넣어 소고기를 졸인 벨기에의 대표음식
카르보나드 플라망드Carbonnades Flamande가 있었다. 이외에도 고기에 맥주
를 넣어 만든 요리들이 꽤나 많았는데, 칸티용 괴즈를 넣은 토끼 고
기도 눈에 띄었다.

이제 기대하던 맥주를 맛볼 시간. 생맥주는 듀퐁 브루어리의 레도르(Redor,
필스너 타입)와 세종(Saison)이 기본 라인업이었으며 벽면에는 또다른 게스트맥
주* 세 가지가 표기되어 있었다.

생맥주는 다섯 가지뿐이었지만, 병맥주는 약 200가지나 준비되어 있었다.
병맥주 중에는 칸티용 맥주를 비롯하여 시중에서 구하기 힘든 스페셜 맥주들도
송송 보였는데, 가격이 저렴하지는 않기 때문에 큰 메리트는 없어 보였다.

대부분의 병맥주는 현지 마트에서도 구할 수 있기 때문에, 굳이 이곳에서 비
싸게 마시기보다는 맥주는 가볍게 한 잔씩만 주문하는 쪽을 추천한다.

내가 주문한 맥주는 벨기에 알빈Alvinne브루어리의 브렛시트Brett-xit #2. 브렛이라

---

*게스트맥주: 펍이나 브루어리에서 자사의 것이 아닌 다른 브루어리의 맥주를 의미한다.

1 게스트맥주였던 Brett-xit #2
2 카르보나드 플라망드

는 이름답게 브렛효모에서 풍겨 나오는 짙은 곰팡이 비슷한 향이 느껴졌으며 진한 갈색 빛깔과 달리 레몬이나 감귤 같은 상큼함도 지니고 있는 입체적인 맛이었다.

　잠시 뒤 주문한 카르보나드 플라망드가 나왔다. 우리나라 갈비찜과 비슷한 맛이지만 단맛이 빠져있다고 표현할 수 있을 것 같다. 맛은 거부감 없이 무난했으며, 함께 나온 돼지고기 요리도 나쁘지 않았다. 나와 아내는 음식과 맥주를 금세 비운 후 가게를 나왔다.

　기대가 너무 컸던 것일까? 누엣니지녀는 개인적으로는 만족할만하다고 할 수 없었다. 음식도 개당 20유로 정도로 높은 편이었고(물론 브뤼셀 시내의 레스토랑도 가격은 비슷하지만) 생맥주 라인업은 다소 부족했으며, 병맥주 역시 이곳만의 메리트가 보이지 않았다. 물론 일부 한정판 맥주들도 있기 때문에 누군가에게는 좋은 체험이 될 수도 있지만 브뤼셀에는 무수히 많은 펍과 카페들이 있지 않은가. 아쉬움을 뒤로하고 다음 일정을 향해 발걸음을 옮겼다.

🍴 **누엣니지녀**
주소 Rue du Lombard 25, 1000 Bruxelles
영업시간 월~금 : 17:00~23:30 토~일 12:00~23:30
홈페이지 www.nuetnigenough.be/

Brussels

Delirium Cafe
_ 데릴리움 카페

브뤼셀에서 가장 인기 많은 펍이자 세계에서 가장 많은 맥주 종류를 취급하는 곳으로 기네스북에 오른 펍, 바로 데릴리움 카페이다. 국내에서도 데릴리움 맥주는 귀여운 분홍 코끼리 캐릭터로 잘 알려져 있다.

　그런데 이 귀여운 캐릭터의 이면에는 섬뜩한 반전이 숨어있다. 데릴리움Delirium의 의학적 정의는 '섬망'을 뜻하는데, 혼돈이나 환각 등의 현상을 보이는 질병을 말한다고 한다(주로 알코올 중독에 의해서 발생한다). 그리고 술에 취하면 분홍색 코끼리가 보인다는 설

의학적 정의와는 달리 귀여운 그림이 그려져 있는 트레멘스

이 있는데, 이는 'Seeing pink elephants'라는 관용문구가 있을 정도로 널리 쓰이는 표현이다. 이것이 데릴리움 맥주의 캐릭터가 핑크색 코끼리인 이유이다. 게다가 데릴리움의 대표맥주인 트레멘스에도 무시무시한 뜻이 담겨 있었다. 데릴리움 트레멘스Deliriu, Tremens의 의학적 정의는 알코올중독자에게 나타나는 정신병의 한 종류로 각종 증상을 수반하는 질병을 말한다.

맥주 이름의 뜻을 알고 나니 괜히 섬뜩한 느낌이 들기도 하고, 얼마나 마셔야 분홍 코끼리가 보이는 걸까라는 기이한 생각도 든다.

참고로 데릴리움 맥주는 벨기에 유명 양조장 중 하나로 손꼽히는 위그Huyghe브루어리에서 생산된다. 이곳에서는 약 10가지 브랜드의 맥주를 생산하고 있으며, 데릴리움은 그 브랜드들 중 하나인 것이다.

음식점이 몰려있는 골목길에 위치한 데릴리움 카페. 찾아가는 길목에 데릴리움의 간판이 여러 개 보이는데, 그중 'BEER TAP HOUSE'라고 적혀있는 입구에 들어가야 제대로 찾아온 것이다. 입구 옆에는 오줌싸개소녀 동상도 있는데, 오줌싸개소년과 비교하며 구경하는 재미가 있다.

내부에 들어서니 생각보다 허름하지만 엄청나게 넓은 내부 공간에 놀랐고, 무수하게 많은 인파에 한번 더 놀랐다. 양조설비를 본떠서 만든 테이블도 인상적이다.

바에서 직접 맥주를 고르고 바로 비용을 지불하는 방식으로 주문이 이루어졌다. 주문하는 줄은 따로 없이 수많은 사람들이 몰려 있었기 때문에 바 안쪽까지 들어간 뒤 직원과 눈을 마주치면서 적극적으로 주문을 해야 했다. 맥주가 나오기를 기다리면서 천장에 달려있는 탭 핸들과 수많은 케그(맥주를 저장하는 작은 통), 정신없이 바쁜 직원들과 주문하기 위해 애쓰는 손님들을

트레멘스와 녹터눔

보는 것도 하나의 재미다.

이곳에는 여러 브루어리의 다양한 생맥주가 약 30개 정도 있는데, 일부러 위그 브루어리의 맥주를 골라 보았다.

먼저 페일라거인 캄퍼스 프리미엄Campus Premium과 벨지안 화이트인 플로리스 화이트Floris White. 매번 묵직한 맥주만 마시다 가벼운 페일라거를 접하니 갈증이 확 풀리는 기분이었고, 꽃향기가 나는 벨지안 화이트는 우아함이라는 표현이 어울릴만한 청아한 맛을 느낄 수 있었다.

첫 잔으로 가볍게 목을 축인 뒤 드디어 데릴리움 대표 맥주인 트레멘스Tremens와 녹터눔Nocturnum을 주문했다. 예쁜 전용잔 덕분에 마시기 전부터 기분 좋은 느낌을 주었다.

두 맥주 모두 벨지안 스트롱 에일로 분류되는데, 트레멘스는 맑고 밝은 색깔 덕분에 블론드타입으로, 녹터눔은 진한 갈색을 띠기에 브라운타입으로 볼 수 있다. 모두 8.5%의 높은 도수를 가지고 있었지만, 쓴 뒷맛은 거의 느껴지지 않아 깔끔한 피니시를 보여주었다. 아마도 시원하게 서빙이 되다 보니 청량감 덕분에 더 가볍게 느껴졌지 않았을까. 사실 벨기에 맥주 고유의 깊은 풍미는 집에서 병으로 마셨을 때가 오히려 좋았던 것 같다. 그러나 벨기에 현지의 펍에서 마신다는 체험감이, 입으로 느껴지는 맥주 자체의 맛 보다 훨씬 훌륭한 풍미를 더

해주었다.

    데릴리움 카페는 이번 여행에서 방문했던 펍 가운데 가장 역동적이고 활기찬 곳이었다. 시끌벅적한 펍이라는 것을 모르고 방문했다면 당황할 수도 있을 정도. 그러나 신나게 즐기고 가자는 생각과 활짝 열린 마음으로 데릴리움 카페를 방문한다면 이 분위기에 동화되어 더욱 즐거운 시간을 보낼 수 있을 것이다.

🚩 Tip Box

데릴리움 카페의 복잡함에 지쳐서 조용히 맥주를 즐기고 싶다면 2층에 있는 호피로프트Hoppy loft에 가보자. 시끌벅적한 1층과 달리 차분한 분위기에서 맥주를 마실 수 있다. 만약 아지트 같은 곳을 좋아한다면, BEER TAP HOUSE 입구를 나와 바로 옆 비어케이브Beer Cave로 가보길 추천한다.

 데릴리움 카페

주소 Impasse de la Fidélité 4, 1000 Bruxelles

영업시간 월~토 : 10:00~04:00 일 : 10:00~02:00

홈페이지 www.deliriumvillage.com

3 fonteinen

_ 드리 폰타이넌

칸티용과 더불어 람빅계의 최강자로 꼽히는 드리 폰타이넌. 특히 괴즈 스타일에서 세계 최고라는 평가를 받는다. 폰타이넌_{fonteinen}은 우리말로 '분수'라는 뜻으로, 국내에서는 숫자 3_{드리}과 분수를 합쳐서 삼분수라는 별칭을 가지고 있다.

먼저 베르셀_{Beersel} 마을에 위치한 드리 폰타이넌 레스토랑에 방문했다. 이곳

드리 폰타이넌 레스토랑

베르셀블론드와 오드괴즈

🚩 **Tip Box**

베르셀 지역의 자연효모를 이용해서 맥주를 만들어야 하기 때문에 기존의 양조시설은 여전히 유지하고 있다. 다만 일반인에게공개되지는 않고 있다.

은 브뤼셀 시내에서 불과 10km 정도 밖에 떨어져 있지 않아 방문하기가 어렵지 않다. 원래는 투어가 가능한 양조장과 상점, 레스토랑이 함께 있었지만, 2016년 LOT이라는 지역에 람빅오드룸Lambik-O-droom.으로 이름 붙인 새로운 시설을 건설하면서 이곳은 레스토랑만 남게 되었다.

메뉴판을 살펴보니 람빅 양조장답게 매우 다채로운 람빅 종류가 준비되어있었다. 생맥주도 몇 가지 있었는데, 그중 눈에 띄는 것은 이곳 양조장에서 만든 베르셀 블론드Beersel Blond. 람빅만 만드는 줄알았는데 청량함을 느끼기기 좋은 블론드 타입의 맥주까지 생산하고 있다는 사실이 흥미로웠다.

그리고 벨기에의 대표요리이자 이곳의 대표메뉴인 홍합요리. 냄비에 홍합을 잔뜩 넣고 졸여내서 만드는 방식으로, 드리 폰타이넌 괴즈 맥주를 넣은 홍합요리가 눈에 띄어 주문해 보았다.

먼저 나온 맥주는 베르셀 블론드와 오드 괴즈. 베르셀 블론드는 꿀과오렌지의 향이 났으며 효모의 신선함이 느껴져 상쾌하게 넘어갔다. 오드 괴즈는 삼분수의 가장 대표적인 맥주답게 깊은 풍미가 일품이었다. 사과식초와 같은 시큼함과 신선한 과일향, 그리고 약간의 쿰쿰한 맛이 복합적으로 어우러져 입안에 퍼지는 범상치 않은 맛을 보여준다.

맥주를 마시다 보니 냄비째 담긴 홍합요리가 나왔다. 홍합은 매우 신선하고 알차 보였는데, 괴즈를 넣어 졸였기 때문인지 기분 좋은 쿰쿰함이 느껴졌다.

그리고 추가로 주문한 맥주는 1년 정도 숙성된 영young 람빅 생맥주onge lambik 3 Fonteinen ong. 1 Jaar oud Van't vat. 200ml의 작은 단위로도 주문할 수 있었다. 생산한지 오래되지 않은 데다 스트레이트 람빅이다 보니 깊은 풍미는 부족했고 다소 거친 질감이었지만 개인적으로는 입맛에 잘 맞았다.

홍합요리와 맥주를 만족스럽게 비운 뒤, 기대하던 람빅오드룸으로 향했다. 앞서 언급했다시피 람빅오드룸는 LOT 지역에 신축한 시설로, 브뤼셀에서 접근성을 높이기 위해 LOT 기차역 가까운 곳에 지어졌다. 이곳은 약 30여 개의 대형 나무통을 갖추어 놓고, 맥주를 보관 및 숙성하는 창고 역할과 블렌딩 및 병입을 진행하는 작업 공간 역할을 한다. 매주 토요일 오전 가이드 투어도 제공하며 다양한 맥주를 맛볼 수 있는 카페와 상점도 운영하고 있다. 또한 질 좋은 체리Schaarbeekse 과수원 및 이벤트 공간까지 마련되어 있어서 하나의 문화공간으로 진화하는 중이다.

레스토랑에서 출발해 약 40분을 걸어서 도착한 람빅오드룸. 내부 인테리어는 상당히 감각적이고 카페 공간은 널찍한 테이블과 창가 좌석이 여러 개 있을 정도로 충분했다. 또한 대형 나무통들이 있는 창고 내부를 유리창 너머로 살펴볼 수도 있었다.

먼저 시작한 맥주는 오드 괴즈 꾸베 알망드 앤 가스통Oude Geuze Cuvee Armand & Gaston. 이 맥주 이름에는 멋진 뜻이 담겨있다. 알망드는 현재 삼분수의 오너이며 가스통은 그의 아버지이자 이전 오너이기 때문

까만색병에 담긴 Oude Geuze Cuvee Armand & Gaston는
레이트비어에서 괴즈스타일 1위인 맥주다

이다. 맥주를 잔에 따르니 진한 주황빛이 감돌며 마구간의 쿰쿰한 냄새와 레몬
과 귤의 상큼함 또한 풍겨 나왔다. 마시는 순간에는 상당히 시큼하지만 마시고
나면 텁텁함이 없이 입안이 깔끔해지는 것이 놀라웠다. 과연 세계 최고의 괴즈
로 불리는 맥주답게 아주 인상적이었다.

람빅오드룸의 서비스도 상당히 훌륭했다. 새로운 맥주를 마실 때마다 새로
운 잔을 가져다주었고, 입을 헹굴 수 있도록 물컵까지 제공해주는 세심함, 심지
어 추가로 주문한 파로Faro 생맥주는 영업시간이 거의 끝나간다며 한 잔을 서비
스로 주는 친절함을 보이기도 했다.

맥주를 마시다 보니 옆 테이블에 익숙한 얼굴이 보였는데, 오전에 칸티용 브
루어리에서 맥주를 공유했던 에릭이었다. 혼자 여행을 왔다던 그는 다른 일행
들과 합석을 했는지 큰 테이블에서 여러 명과 함께 마시고 있었다. 잠시 동석하
여 얘기를 나누던 중, 다음날 '도스트'라는 펍에 간다는 이야기를 들었다. 브뤼
셀 인근에 어마어마한 펍이 있다는 것을 우연히 알게 된 순간이었다. 이런 반가

운 우연들이 바로 여행을 더 흥미진진하게 만드는 묘미가 아니던가!

기분 좋게 맥주를 모두 비우고 난 뒤, 건물 한켠에 있는 상점으로 향하였다. 다양한 색상의 티셔츠, 수십 병씩 쌓여있는 맥주들, 섬세한 디자인의 전용잔들 은 또다시 지름신을 부르기에 충분하였다.

람빅오드룸를 나와 약 조금만 걸어가면 LOT 기차역이 나온다. 금방 온 기차 덕분에 약 20분 만에 브뤼셀 시내로 복귀할 수 있었다.

🍴 드리 폰타이넌 레스토랑

주소 Herman Teirlinckplein 3, 1650 Beersel
영업시간 월, 금 : 12:00 ~ 15:00, 18:00 ~ 21:30
휴무 화, 수, 목 12:00 ~ 15:00 토, 일 12:00 ~ 21:30
(요리 가능 시간 : 12:00~15:00, 18:00 ~ 21:30)
홈페이지 : www.3fonteinenrestaurant.com

🍺 람빅오드룸 *lambik-O-droom*

주소 Molenstraat 47, 1651 Lot, Beersel
영업시간 수, 목, 금, 토 : 10:00 ~ 17:00 휴무 일, 월, 화
홈페이지 3fonteinen.be

※ 브루어리 투어: 매주 토요일 10시 30분 진행. 예약 없이 방문해도 투어는
가능하나, 미리 이메일로 알려주는 것이 좋다. 목요일과 금요일도 오너인
알망드(Armand)가 있으면 간단히 내부를 둘러보는 것은 가능.

Oud Beersel

_ 오드 비어셀

람빅의 숨은 강자 오드 비어셀. 칸티용과 드리 폰타이넌이 람빅의 양대 산맥이라는 이미지가 있어 상대적으로 덜 알려졌지만, 람빅맥주를 논할 때 빼놓을 수 없는 브랜드로 꼽힌다. 맥주 이름에 들어있는 베르셀Beersel. 비어셀은 영어식 발음은 양조장이 위치한 마을의 이름이며, 드리 폰타이넌 양조장이 위치한 곳이기도 하다.

매달 첫째와 셋째 주 토요일에 가이드 투어를 제공하는데, 마침 브뤼셀 여행 기간에 해당되어서 투어에 참여할 수 있었다.

브뤼셀에서 기차를 타고 할레Halle 역에서 내린 뒤, 154번 버스로 갈아타면 양

정류장 바로 맞은편에 있는
양조장 건물

숙성되지 얼마 안된 람빅을 따라주는 가이드 할아버지

조장 바로 앞 오드 비어셀Oud Beersel 정류장에 내릴 수 있다.

　문을 열고 들어서니 켜켜이 쌓여있는 맥주들이 먼저 반겨주었다. 맥주를 판매하는 상점은 매주 토요일마다 여는데, 동네주민은 박스 단위로 맥주를 사갈 것이라고 생각하니 무척 부러웠다. 상점 안쪽에는 오크통 테이블로 꾸며진 아담한 시음공간도 있었고, 7가지의 맥주를 각각 100ml의 작은 단위로도 판매하고 있는 것이 눈에 띄었다.

　투어는 약 1시간 30분 동안 영어로 진행되며 매 코스마다 상세하게 설명을 해주고 있다. 숙성창고에 들어서니 맥주를 넣은 날짜와 관리번호가 적힌 수십 개의 대형 나무통이 나타났다. 창고 구석구석 보이는 낡고 녹슨 나무통은 이곳의 역사를 짐작하게 한다.

　곧이어 이번 투어의 하이라이트, 숙성한지 얼마 지나지 않은 람빅을 시음하는 순간이 왔다. 오래 숙성된 람빅은 야생효모에서 기인하는 특유의 쿰쿰한 풍미가 강조되어 비교적 신맛이 덜 한 편이지만, 이때 마신 어린 람빅은 거칠고 시큼한 맛이 강해 산뜻한 느낌을 더하고 있었다.

　잠시 맥주 박물관으로 이동해 과거 수작업으로 제작했던 각종 기구들을 관람한 후 이어서 가이드가 자랑스럽게 소개하는 'Beer Traditions Reborn'이

라는 공간으로 들어갔다. 이곳에서 나는 마치 난쟁이가 된 것처럼 40~50개는 족히 돼 보이는 대형 나무통들에 압도당하는 기분이었다. 투어 초반에 봤던 창고와 달리 내부도 매우 깔끔했고 나무통들도 튼튼해 보였다. 드리 폰타이넌도 LOT 지역에 창고를 세운지 얼마 안 되었고, 오드 비어셀도 새로운 창고가 생긴 것을 보니, 서로 선의의 경쟁을 하면서 함께 발전하는 것 같아 맥주 마니아들에게는 흐뭇한 모습이 아닐 수 없다.

대형 창고를 나와 이번엔 작은 나무통들이 잔뜩 쌓여있는 창고를 둘러보았

괴즈와 크릭

다. 이 작은 통을 둘러보게 된다면 마개부분을 유심히 보기 바란다. 마개 주위로 지저분해 보이는, 뭔가 흘러나온 흔적이 보일 것이다. 맥주가 숙성되는 동안 자연효모들이 부지런히 활동하면서 통 위의 구멍으로 넘쳐 오른 흔적이다. 자칫 위생상 지저분해보일 수 있지만, 이렇게 만들어진 람빅맥주의 유통기한은 수십 년 이상이라고 하니 걱정은 하지 않아도 되겠다.

길었던 가이드투어를 마치면 마지막 시음 코너가 기다리고 있다. 원하는 맥주를 한 가지씩 고를 수 있는데, 나와 아내는 괴즈와 크릭을 택했다. 가이드의 영어 설명에 귀를 쫑긋 세우며 에너지를 쏟아서일까(물론 서툰 영어실력으로 못 알아들은 것이 많았지만), 시큼한 느낌보다는 달콤함을 더 많이 느낄 수 있었다.

시음코너에서는 맥주를 추가로 마시려면 돈을 지불해야 하지만, 다른 관람객들에게 따라주고 남은 맥주를 서비스로 주기도 한다. 덕분에 트리펠Tripel도 맛볼 수 있었다.

🏴 Tip Box

오드 비어셀의 경우 벨지안 페일 에일인 '베르살리스 카뎃(Bersalis Kadet)'과 트리펠인 '베르살리스 트리펠(Bersalis Tripel)'을 출시했는데, 이는 람빅 브루어리에서는 보기 생소한 타입들이다. 실제로 이 두 가지는 데릴리움 맥주를 만드는 위그 브루어리에 위탁하여 양조를 하고, 오드 비어셀은 람빅을 만드는 것에 전념하고 있다고 한다.

마지막으로 상점을 구경할 시간. 일렬로 진열된 맥주들을 보니 그대로 우리 집 거실에 옮겨놨으면 하는 간절함이 몰려왔다. 눈에 띄는 맥주는 월넛Walnut. 호두를 넣어 만든 독특한 맥주인데 묘한 매력이 있다고 하니 한 병 구입해서 맛봐도 좋을 것이다.

맥주를 구입하면서 코스터를 선물로 받을 수 있었다. 그리고 직원과 짧은 얘기를 나눴는데, 한국에서도 람빅맥주 좋아하는 사람이 많고 오드 비어셀 맥주도 본적이 있다고 하니, 직원은 '지금도 한국에 조금씩 수출하고 있지만, 점점 더 많이 수출되길 바란다'고 했다. 우연인지 실제로 여행을 다녀오고 약 한두 달 뒤, 한국 바틀샵 뿐만 아니라 대형마트에서도 발견할 정도로 오드 비어셀 맥주가 많아졌다. 물론 이때 나눈 대화 때문은 아니겠지만 기분 좋은 발견이다.

상대적으로 잘 알려지지 않았던 오드 비어셀. 직접 양조장을 투어하고 시음도 하고나니 왜 람빅의 숨은 강자라 불리는지 이유를 알게 하는 곳이었다.

🎐 오드 비어셀
주소 Herman Teirlinckplein 3, 1650 Beersel
영업시간(상점) 매주 토요일 09:00 ~ 14:00 (토요일이 공휴일이면 휴무)
홈페이지 : www.oudbeersel.com
※브루어리 투어 : 매달 첫째, 셋째 토요일 11:00(네덜란드어), 12:30(프랑스어+영어)
예약 필요 없음.

Brussels

In de Verzekering tegen de Grote Dorst
_도스트

맥주 평가 사이트인 레이트비어에서 당당히 세계 1위를 차지한 펍, 바로 도스트이다. 너무나 유명한 곳임에도 불구하고 여행을 준비하면서 미처 파악하지 못했다. 그래서 칸티용에서 에릭을 만난 것은 천운이었다. 우연히 맥주를 나눠 마신 인연 덕분에 이곳을 알게 되었고, 영업시간까지 맞춰 방문할 수 있기 때문 (도스트는 일요일에만 영업을 한다. 그것도 오전 10시부터 오후 1시 반까지만 말이다! 다행히도 2017년부터 오후 8시까지로 영업이 연장되었다).

마을에서 가장 오래된 건물 중 하나에 입점한 도스트는 소소하게 맥주 카페를 운영해오다가 2000년대에 본격적으로 펍 운영을 시작했다. 람빅맥주 전문점으로 이름을 알리며 유명 TV프로그램에 출연하고 레이트비어를 비롯해 여러 기관으로부터 최고의 펍으로 선정되기에 이르렀다.

레이트비어 베스트상

　독특한 가게 이름과 영업시간 때문에 '가장 긴 이름과 가장 짧은 영업시간을 가진 카페'라고 불린다고 한다.

　도스트는 브뤼셀에서 서쪽으로 약 15Km 정도 떨어져 있는데, 브뤼셀 시내에서 128번 버스를 타고 약 50분 정도면 갈 수 있기 때문에 접근성이 괜찮은 편이다(물론 맥주 마니아 기준이겠지만). 나는 도스트에 방문한 날이, 마침 브뤼셀에서 헨트로 이동하는 날이었기 때문에, 버스 대신 짐을 가득 실은 렌터카를 타고 방문했다.

　한적하고 평온해 보이는 동네 안쪽으로 들어가면 성당이 보이는데, 도스트는 바로 그 앞에 위치한다. 이미 야외 좌석에서 맥주를 즐기고 있는 사람들이 많았기 때문에 한눈에 도스트인 것을 알 수 있었다.

　건물 내부는 그리 넓지 않아 손님들로 붐비고 있었고 맥주를 주문하는 대기 줄도 상당했다.

　목조로 이루어진 내부 구조와 고풍스러운 소품들에서 느껴지는 분위기는 마치 100년 정도 거슬러 와 있는 듯한 기분을 들게 했다.

도스트는 람빅 중에서도 특히 괴즈와 크릭을 집중적으로 취급하는데, 같은 맥주라도 연도별로 판매하고 있는 것이 특징이다. 오래된 맥주일수록 비싼 가격에 판매되며, 30년 된 희귀맥주도 발견할 수 있으니, 그야말로 람빅 박물관이라고 할 만하다. 맥주를 주문하자 허리가 굽은 할머니께서 창고에 있는 맥주를 가져왔다. 시골집에 있는 할머니가 손주들에게 직접 만든 식혜를 따라주는 것 같은 푸근한 장면이 떠올랐다.

첫 스타트는 분Boon 브루어리의 오드 괴즈 뱃 44Oude Geuze Vat 44. 2008년 12월에 양조를 시작하여 2010년 8월에 병에 담긴 맥주로서 20,500병만 출시된 한정판 맥주다. 9년 가까이 된 맥주를 마시다니 놀라운 경험이 아닐 수 없다. 새콤한 과일 맛이 밝은 산미를 터트리고 탄산도 적어 입안이 깔끔해지는 맛이었다. 게다가 다른 괴즈에 비해 굉장히 높은 8.5%의 도수를 지니고 있음에도 쓴맛은 거의 느껴지지 않았다.

⚑ Tip Box

드리 폰타이넌의 크릭 중에는 브뤼셀 인근 지역인 스하르베이크에서 재배한 매우 질 좋은 체리를 사용한 '스하르베이크세 크릭(Schaarbeekse Kriek)'이 유명하다.

1 할머니가 서빙해주니 왠지 더 정감이 있다
2 드리 폰타이넌 크릭

이어서 맛본 드리 폰타이넌의 크릭은 체리를 듬뿍 넣은 맥주답게 진한 체리 향이 주도적이었고, 마치 단맛이 없는 드라이한 와인 같은 풍미였다.

맥주를 마시다 보니 귀여운 고양이 한 마리가 맥주잔을 요리조리 피해 가며 테이블 위를 돌아다니고 있었다. 잠시 내 무릎 위에 앉아 휴식을 취하더니 이내 다른 곳으로 가버렸다. 도스트의 실질적인 주인인양 테이블들을 체크하며 돌아다니는 모습이 재미있다.

마지막은 스트루이스Struise 브루어리의 세인트 아마투스Sint-Amatus 2011년산으로 골랐다. 최고의 트라피스트 맥주인 베스트블레테렌 인근에 위치한 스트루이스 브루어리는 쿼드루펠을 비롯한 진한 스타일의 벨지안에일 타입을 생산하며 세계적으로 훌륭한 평가를 받고 있다. 대표맥주로는 국내에도 잘 알려진 패닛 포트 시리즈가 있다.

이번에도 할머니께서 창고로 들어가 맥주를 꺼내왔는데, 깊숙한 곳에 보관돼 있었는지 맥주병의 외관이 굉장히 낡아있었다. 그만큼 오래 숙성되었다는 인상을 주고 있어서일까, 더욱 고급스러운 느낌이다. 세인트 아마투스는 11%의 높은 도수를 가졌음에도 쓴맛은 적고, 부드러운 질감을 가지고 있었다. 일반적으로 쿼트루펠 타입의 맥주는 건포도나 자두 같은 검붉은 과일향이 강한데 비해, 향이 은은하고 풍미가 담백했다. 한국에서는 당해년도의 세인트 아마투

1 세월의 흔적을 느낄 수 있었던 세인트 아마투스
2 람빅계의 핫한 브루어리인 Bokkereyder의 맥주를 자랑하는 에릭

스를 만원 후반대에 구입할 수 있는데, 도스트에서는 6년이나 숙성된 것을 7천 원도 안되는 가격5.1유로에 마실 수 있었으니 놓칠 수 없는 기회가 아닐 수 없다.

이 황홀한 도스트에서의 시간을 이어가고 싶었지만, 다음 여행지인 헨트로 이동해야 할 시간이 다가왔다. 가게를 나오기 전 안쪽을 둘러보니 아니나 다를 까 익숙한 얼굴, 에릭을 발견할 수 있었다. 새로운 친구들과 함께 이미 잔뜩 마 셨는지 빨갛게 달아오른 에릭은, 구하기 힘든 맥주를 맛보았다며 내게 한껏 자 랑을 늘어놓았다. 에릭에게 좋은 펍을 알려줘서 고맙다고 인사를 한 뒤 가게를 나왔다.

세계 최고의 펍이라는 명성에 걸맞을 만큼 모든 면에서 훌륭한 수준이었다. 람빅 마니아에게는 가히 천국이라고 할 수 있는 곳임에 틀림없다. 다음에 도스 트를 방문한다면, 아침부터 문을 닫는 시간까지 자리를 차지하고 있으리라는 즐거운 상상을 해 본다.

🍺 도스트
주소 Frans Baetensstraat 45, 1750 Lennik
영업시간 매주 일요일 10:00 ~ 20:00
휴무 월~토 (단 8/15, 11/1, 12/25 오픈)
홈페이지 www.dorst.be

Het Anker
_앙커

'황금 왕'이라는 별칭을 가지고 있는 신성로마제국의 황제 카를5세. 앙커 Het Anker 브루어리는 카를5세가 성장한 벨기에 메헬렌에 위치해 있는데, 그의 이름을 따서 구덴 카롤루스 Gouden Carolus 라는 맥주가 만들어졌다. 구덴 Gouden 은 황금이라는 뜻으로, 말을 타고 여우를 사냥중인 황금빛의 카를5세가 바로 카롤루스 맥주의 로고가 되었다.

앙커 브루어리는 브뤼셀에서 대중교통으로 1시간이 채 걸리지 않아 시간적 부담 없이 방문할 만한 곳이다. 맥주양조장 외에도 레스토랑, 상점, 호텔, 세미나실이 갖춰져 있으며, 2010년에는 위스키공장이 세워져 싱글몰트위스키와 사케까지 생산하고 있다.

앙커 브루어리는 건물 전체가 벽돌로 지어져 꽤나 고풍스러운 인상을 준다.

상점에서는 여러 종류의 카롤루스 맥주를 비롯해 위스키와 사케, 그리고 전용잔과 티셔츠 등 다양한 물품들을 판매하고 있었다. 한국에서는 구하기 힘든 매그넘 사이즈를 구입하고 싶은 욕구를 꾹 누르며 전용잔 정도만 구입했다.

상점과 연결된 문을 열고 들어가면 이번 방문의 목적지인 레스토랑이 나온다. 이전에 방문했던 펍과 레스토랑들처럼 세련되지는 않았지만 투박하면서도 정감 있는 분위기가 물씬 느껴졌다. 이곳의 최대 장점은 카롤루스를 비롯한 생

맥주가 7가지나 있고, 150ml의 작은 용량으로도 주문할 수 있다는 점! 다양한 맥주를 맛보고 싶은 여행객들에게는 그야말로 안성맞춤인 곳이다.

먼저 150ml 짜리 5잔 세트를 주문하였다. 7가지 생맥주 중 고른 것은 카롤루스 기본라인업 4종과 루시퍼 Lucifer. 기본 라인업 4종은 클래식 Classic, 트리펠 Tripel, 암브리오 Ambio, 홉시율 Hopsinjoor 로서, 그 중 클래식과 트리펠은 카롤루스의 대표맥주로 매우 훌륭한 평가를 받고 있다. 한국에서는 병맥주로만 간혹 접할 수 있었던 카롤루스를 생맥주로 마실 수 있다니 감격스러운 순간이다.

아니나 다를까 4가지 맥주 중 가장 만족스러웠던 것은 클래식! 한입 머금는 그 순간, 그야말로 '벨지안 스트롱 에일의 모범답안'이라는 생각이 들었다. 벨지안 에일에서 흔히 접할 수 있는 특유의 효모향이 주도하고 있었고 묵직하면서도 부드러운 질감, 초콜릿의 단맛도 더해져 있었다. 더구나 브루어리에서 바로 서빙되는 생맥주의 신선함은 마치 효모가 살아있는 듯한 느낌을 줄 정도였다.

1 구미를 자극하는 맥주선물세트
2 벨기에 전통 음식으로 구성된 오늘의 메뉴

트리펠은 화사한 꽃향기와 알싸한 맛이 느껴졌으며, 9%라는 높은 도수임에도 쓴 맛이 강하지 않아 목젖을 자극하지 않고 부드럽게 넘어갔다.

5가지의 홉이 들어간 홉시욜은 쌉쌀한 홉향을 뚜렷하게 느끼게 해주었다.

맥주를 즐기다보니 벨기에 전통 음식으로 구성된 '오늘의 메뉴Dish of the day'가 등장했는데, 고기의 육질과 식감이 가격대비13유로 상당히 훌륭했다.

이제 음식에 어울리는 맥주를 추가하는 것은 당연한 수순.

카롤루스는 4개의 기본 라인업 외에 카이저Keizer라는 고급라인업 3종도 갖추고 있다. 바로 블론드Imperial Blond와 다크 Imperial Dark, 위스키Whisky Infused. 블론드와 다크는 병맥주의 라벨을 따서 레드Red와 블루Blue라고도 불린다네덜란드어로는 Rood와 Blauw. 카이저 3종 중 상대적으로 낮은 평가를 받는 레드를 제외하고 블루와 위스키를 선택해 보았다.

카이저 블루는 쿼드루펠 타입의 맥주로서 매우 높은 평가를 받고 있는 만큼 기대감이 컸는데, 한입 마셔보니 역시나 실망시키지 않았다. 쿼드루펠 특유의 검붉은 과일향이 풍부하게 입안을 채우는 것은 물론, 초콜릿의 단맛도 강하게 느껴졌으며, 끈적거리는 듯한 질감을 가지고 있었다. 생맥

카이저 블루(왼쪽)와 위스키

주가 아님에도 방금 전에 마신 생맥주만큼 매우 신선하고 산뜻한 느낌을 주었다. 정말 만족스러운 한잔이었다.

카이저 위스키는 이름 그대로 위스키를 섞은 맥주. 오히려 위스키에 카이저 블루를 한잔 넣은 것이 아닐까 생각이 들 정도로 위스키의 향이 강하게 났다. 위스키를 좋아하는 사람이라면 굉장히 만족스러울 듯하다. 카이저 블루와 위스키는 각각 11%, 11.7%의 고도수의 맥주인 만큼, 두 잔을 비우니 금세 취기가 올라 알딸딸해지고 말았다.

마지막을 장식해준 맥주는 맨블루서Maneblusser. 살짝 불투명한 황금색을 띠고 은은한 곡물향과 과일맛을 선사하는 이 맥주는 메헬렌의 지역맥주로서 전통방식으로 만들어진다. 맨블루서에는 전해 내려오는 이야기가 있는데, 술에 취한 어떤 사람이 성당의 탑 뒤로 비친 보름달을 보고 불이 난 것으로 착각해 '불이야'하고 외쳤고, 사람들이 불을 끄려고 달려왔다고 한다. 그래서인지 맥주의 로고는 맥주를 들고 걸어가고 있는 소방관이다.

유명한 맥주가 아니더라도 흥미로운 이야기가 담겨 있는 현지의 맥주를 마셔보는 것도 맥주여행의 쏠쏠한 재미중 하나이지 않을까.

맨블루서를 끝으로 레스토랑을 나오니 앙커 브루어리의 내부 건물들이 보였다. 문이 열려있는 곳을 살짝 들어 가보았는데, 운이 좋게도 창고 내부를 볼 수 있었다. 창고에는 맥주와 위스키를 담은 것으로 보이는 나무통들이 한 가득 들어차 있었다.

창고 구경 후, 앙커 브루어리 뒷문으로 나서자 멋진 메헬렌의 골목길 풍경이 펼쳐졌다. 동네를 구석구석 둘러볼 여유가 없어 아쉬웠던 중에 주변을 가볍게 산책하며 앙커 브루어리 방문일정을 마무리 하였다.

🏴 Tip Box

앙커 브루어리는 맥주 양조장 투어를 제공하고 있다. 투어를 원한다면 홈페이지에서 미리 예약하자. 위스키를 만드는 증류소 투어도 있으니 위스키를 좋아하는 사람에게도 매력적인 기회.

🍺 앙커

주소 Guido Gezellelaan 49, 2800 Mechele
영업시간(레스토랑) 월~목 : 10:00~23:00 금~토 : 10:00~00:30 일 : 10:00~유동적
영업시간(상점) 월~금 : 07:00~21:00 토~일 : 08:00~21:00 공휴일 : 08:00~12:00
※자세한 상점 휴무일은 홈페이지 참고
홈페이지 www.hetanker.be
※브루어리 투어 : 화,수,목 : 11시, 금,일 : 11시, 13시, 토 : 11시, 13시, 15시 홈페이지 사전 예약 필요
(www.hetanker.be/en/visit-brewery)

Brussels

Bosteels

_보스틸스

맥주 애호가들에게도 낯선 이름 보스틸스 브루어리. 하지만 이곳에서 생산되는 세 가지 맥주는 전혀 낯설지 않다.

먼저 파우웰 콱 Pauwel Kwak 은 맛보다는 독특한 전용잔으로 인지도가 높은 벨지안 에일 스타일의 맥주이다. 말안장에 맥주잔을 고정할 수 있게 만들어 마차 위에서도 맥주를 마실 수 있도록 고안된 독특한 잔에 담겨 나온다. 요즘으로 생각하면 자동차 운전석에 달린 컵홀더 정도로 볼 수 있지 않을까.

　두 번째는 트리펠 카르멜리엇Tripel Karmeliet. 트리펠 타입으로는 전 세계에서 가장 훌륭한 평가를 받고 있다. 8.4%의 높은 도수임에도 밝은 색상을 띠고 있는 데다 향긋한 꽃향기와 깔끔한 마무리로 특히 여성에게 인기가 많다. 전용잔은 평범해 보이지만, 맥주를 따랐을 때 거품이 상당히 많이 나기 때문에 실제로 보면 다른 잔들에 비해서 상당히 큰 모양을 가지고 있다.

　마지막은 '신의 맥주'라고 불리는 데우스Deus. 샴페인 맥주로 잘 알려져 있으며 벨기에 현지에서도 고가에 판매되는 고급 맥주이다. 데우스는 샴페인과 동일한 숙성과정을 거치기 때문에 샴페인처럼 작은 탄산 기포가 끊임없이 올라오며 상큼한 과실향이 나는 트리펠의 특징을 지니고 있다.

　이처럼 명성이 자자한 맥주들을 만드는 보스틸스 브루어리를 방문하기 위해 브뤼셀 중앙역에서 기차에 올랐다. 양조장에서 바로 만든 트리펠 카르멜리엇을 생맥주로 마실 수 있다는 설렘을 안은 채로.

　우리가 도착한 기차역은 보스틸스 브루어리에서 불과 300m떨어져있는 부그겐호웃Buggenhout역으로, 브뤼셀 중앙역으로부터 약 1시간 정도 걸린다.

　그런데 기차역에 내려 걸어가는 도중 갑작스러운 소나기를 만났다. 비에 흠뻑 젖은 채 브루어리 주변을 둘러보았지만, 여행객이 들어갈만한 공간은 보이지 않았다. 사무실로 보이는 건물에서 만난 직원은 '양조장 투어는 불가하며, 맥주를 마실 수 있는 별도의 공간도 마련돼 있지 않다'고 전해왔다.

그렇다. 사전 준비가 부족한 탓에 허탕을 치고 만 것이었다. 홈페이지에는 평일에 20명 이상이 예약할 경우 양조장 투어가 가능하다고 설명되어 있을 뿐이었다. 아! 우리가 허탕을 칠 것을 알고 있던 하늘이 소나기로 예언한 것은 아니었을까.

이대로 허무하게 되돌아갈 수는 없었기에, 바로 근처에 보이는 작은 동네 음식점으로 들어갔다. 마침 메뉴판에 트리펠 카르멜리엇이 있었기에 혹시 생맥주를 따라주지 않을까 기대하며 두 잔을 주문하지만 아쉽게도 테이블에는 병맥주 2개가 올라왔다. 그래도 꿋꿋하게 아내와 나는 금세 한 병을 비우고 음식점을 나왔다. 아쉬움을 남긴 채 브루어리 건물에 붙어있는 맥주 간판을 바라보며 기차역으로 향하였다.

여행 일정이 틀어진 우리는 일단 다음 목적지인 칸티용 브루어리로 향했는데, 환승을 기다리던 중 넋을 놓고 있다가 눈앞에서 기차를 놓쳐버리고 말았다. 결국 시간이 늦어 이날 칸티용 브루어리도 방문하지 못하게 된 것이다. 여러모로 안 풀리는 하루가 되고 말았다.

하지만 돌이켜보면 그날의 허탕은 1등 펍 도스트 Dorst 방문을 가져다주었다. 칸티용 브루어리를 다음날 방문하였기에 에릭을 만날 수 있었고 도스트라는 '인생 펍'을 가게 되었으니 말이다. 어쩌면 그날의 소나기는 준비가 부족했던 내게 도스트를 방문해보라는, 하늘이 내려준 선물이었는지도 모른다.

🏴 Tip Box

국내에서 보스틸스 브루어리의 세 가지 맥주 모두 마트에서 구할 수 있으며, 트리펠 카르멜리엇의 경우 일부 펍에서 생맥주로 마실 수 있으니 꼭 마셔보자.

🍺 보스틸스
주소 Kerkstraat 96, 9255 Buggenhou
개인투어 불가, 맥주 시음 공간 없음.
홈페이지 http://bestbelgianspecialbeers.be

브뤼셀 러닝 다이어리

맥주여행이다 보니 잦은 음주로 지치게 될 간을 보호(?)하기 위해, 아침마다 아내
와 함께 도시를 뛰었다. 건강도 챙기고, 도시의 상쾌한 아침 풍경도 마주할 수 있으
니 일석이조가 아닌가! 아름다운 브뤼셀 시내가 내다보이는 예술의 언덕에서부터
브뤼셀 왕궁을 지난 뒤, 왕궁 맞은편 공원을 한 바퀴 돌고 나니 유럽의 심장 브뤼셀
의 정취가 온몸으로 전해진다. 러닝의 마무리는 맛있는 와플과 커피 한 잔으로.

브뤼셀 투어 리스트

📷 볼거리

오줌싸개 동상 Manneken Pis

1619년 제작되어 브뤼셀의 상징과도 같은 이 동상은 프랑스군을 오줌으로 몰아냈다는 전설을 비롯, 재미있는 이야기들을 지니고 있으며, 수차례 도난을 당하기도 하였다. 전 세계인으로부터 옷을 선물 받아 1000벌을 넘게 가지고 있다고 한다.

그랑플라스 Grand Place

유럽의 3대 광장이자 브뤼셀 여행의 중심지를 이루는 그랑플라스에는 17세기에 지어진 길드하우스, 시청사, 왕의 집 등 역사적인 건축물들이 줄지어 서있다. 1998년 유네스코 세계문화유산으로 등재되었다.

시청사 Hôtel de Ville

고딕 양식 건축물로서 중앙에 있는 96m 높이의 탑에 올라가면 시내 전체를 관망할 수 있다.

예술의 언덕 Mont des Arts

멋진 정원과 분수가 있는 전망대. 계단위에서 바라보는 브뤼셀 시내가 장관이다.

생 미셸 성당(성 미카엘과 구둘라 대성당)
Cathédrale des Sts Michel et Gudule

브뤼셀의 수호성인인 성 미셸(St. Michel)과 성녀 구둘라를 기리기 위해 세워진 성당으로 외관과 내부 모두 화려한 장식미를 자랑한다.

브뤼셀 왕궁
Palais de Bruxelles

벨기에 국왕의 궁전으로서 실제 집무를 보는 곳이다. 하절기에는 무료로 개방되며, 궁전 맞은편에는 브뤼셀 공원이 위치해 있다.

🍽 먹거리

와플 Waffle

와플은 네모난 모양의 브뤼셀 타입과 동그란 모양의
리에주 타입이 있으니 두 가지 타입 모두 맛보기를 추
천한다. 브뤼셀 최고의 와플 맛집으로 소문난 곳은 비
탈고프레(Vitalgaufre).

프릿츠 Pritz

벨기에 감자튀김인 프릿츠. 우리나라에서 먹는 감자
튀김과는 다른 매력이 있다. 가장 유명한 곳은 그랑플
라스 근처에 위치한 프릿랜드(Fritland).

초콜릿 Chocolat

한입에 쏙 들어가는 예쁜 모양의 초콜릿 프랄린(Praline)
은 이곳의 놓칠 수 없는 즐거움. 전통 있는 브랜드로
는 노이하우스(Neuhaus), 레오디니스(Leonidas), 메리
(Mary), 고디바(Godiva)가 있다.

스페큘러스 Speculoos

커피에 찍어먹는 벨기에 전통과자인 스페큘러스.
1829년 문을 연 메종 당두아(Maison Dandoy)에서 구
입할 수 있다.

뮤셀 Mussel

벨기에의 대표요리인 홍합찜. 찜 외에도 그라탱 등 다
양한 요리 방식이 있으니 두루두루 맛보자.

Course.5

찬란한 아름다움에 취하다
안트베르펜

Antwerp

안 트 베 르 펜

벨기에 제2의 도시 안트베르펜은 세계 다이아몬드 거래량의 60~70%가 이루어지는 보석의 도시이다. 또한 고딕 건축과 르네상스 미술을 자랑하는 곳으로 성모마리아 대성당, 루벤스의 생가, 중앙역 등 화려함을 뽐내는 예술품들이 기다리고 있다. 물론 맥주여행에서도 빼놓을 수 없는 지역이다. 안트베르펜에는 흥미로운 전설이 얽혀있다.

쉘드Scheldt강 근처에는 안티군Antigoon이라는 거인이 살고 있었다. 그는 강을 지나는 사람들에게 통행료를 받았는데, 거절한 사람들은 손을 잘라 강에 던져버렸다. 그러던 중 실비우스 브라보Silvius Brabo라는 로마 병사가 거인을 죽이고 그의 손을 잘라 강으로 던졌는데, 이 전설로 인해 손Hand을 뜻하는 Ant와 던지다라는 의미의 werpen이 합쳐져서 안트베르펜Antwerpen이라는 도시 이름이 지어졌다고 한다. 이 전설은 안트베르펜 시청사 앞에 있는 실비우스 브라보 동상에서 확인할 수 있다.

🍾 맥주 산책로

1. 쿨미네이터 - 수식어가 필요 없는 세계 최고의 맥주 성지

2. 빌리스 비어 카페타리아 - 맥주 축제를 주최하는 선도적인 펍

3. 골렘 - 훌륭한 햄버거와 맥주를 함께 즐길 수 있는 곳

4. 오드 아세날 - 100년이 다 되어가는 안트베르펜의 터줏대감

5. 비어러버스 바 - 세련된 매력을 지닌 신흥 강자

6. 드 코닉 - 안트베르펜을 상징하는 지역 양조장

안트베르펜 맥주 산책로

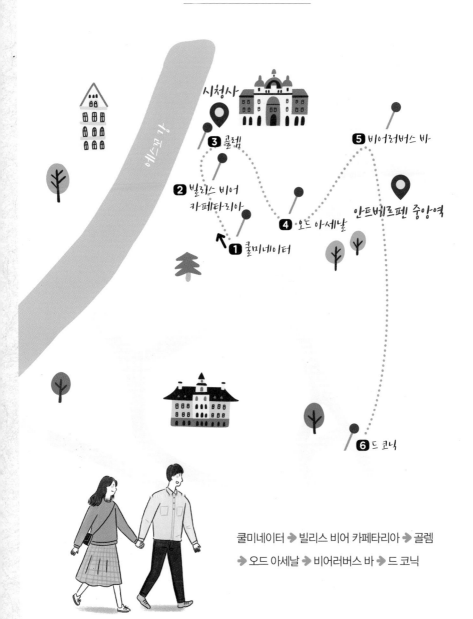

쿨미네이터 ➜ 빌리스 비어 카페타리아 ➜ 골렘
➜ 오드 아세날 ➜ 비어러버스 바 ➜ 드 코닉

Antwerp

Kulminator
_ 쿨미네이터

벨기에 펍 중에 단 한 곳만 가야 한다면 고민하지 않고 선택할 곳, 안트베르펜
에 온 목적이 오직 이곳 하나라고 해도 이상하지 않은 곳. 바로 맥주 마니아들에
게는 너무나 유명한 쿨미네이터이다(혹시 영화 터미네이터와 연관이 있지는 않을까
하는 엉뚱한 생각이 들었는데, 굳이 따진다면 더 먼저 만들어진 쿨미네이터 쪽이 원조가
아닐까).

주인 할아버지의 열정이 느껴지는 젊은 시절

이곳은 원래 벨기에의 어느 부부가 와인 가게로 문을 연 것이 시작이었다. 오픈한지 얼마 되지 않아 시메이 수도원에 방문한 그들은 10년도 넘은 시메이 블루를 마신 뒤 잊을 수 없는 감동을 받아 가게를 펍으로 바꾸고 맥주를 모으기 시작했다. 그렇게 40년이 넘게 지하 창고에 모인 맥주들은 쿨미네이터를 세계 최고의 맥주 성지로 자리 잡게 만들었다.

안트베르펜 시내를 산책하다 보니 저녁 10시가 다 되서야 쿨미네이터로 향했다. 한적한 골목길을 걷다보면 금세 꿈에 그리던 쿨미네이터에 도착한다. 낡은 테이블과 오래된 책들, 앤티크한 장식품들과 수많은 맥주병들이 어수선함 속에 오묘한 조화를 이루며 쿨미네이터만의 독특한 분위기를 만들어내고 있었다. 아늑하고 푸근한 실내 공간은 마치 40년 전의 이 마을로 시간여행을 하는 것 같은 느낌마저 주고 있었다.

늦은 시간 때문인지 다른 손님은 없었고 테이블에 앉아 느긋하게 신문을 보고 계시는 주인 할아버지와 우리를 친절하게 안내하는 할머니가 전부였다. 이곳은 병맥주의 박물관 같은 곳이지만 10가지 정도의 생맥주도 취급하고 있었다. 먼저 부쉬 노엘Bush Noël과 시메이 블루Chimay blue 생맥주 두 잔으로 스타트를 끊었다. 노엘Noël은 '크리스마스'를 뜻하는 프랑스어로, 보통 크리스마스 기념 한정판 맥주를 만들 때 노엘이라는 이름이 붙는 경우가 많다. 즉, 부쉬 노엘은 벨기에의 유명한 맥주 브랜드인 부쉬의 크리스마스 한정판인 셈이다.

부쉬 노엘은 검붉은 과일향이 많이 났으며 12%라는 높은 도수로 인해 함께 주문한 시메이 블루의 맛이 밍밍하게 느껴질 정도로 강한 맛을 지니고 있는 것이 인상적이었다.

본격적인 맥주 공략을 위해 메뉴판을 펼쳐봤는데, 노래방 책자만큼이나 두꺼운 메뉴판에는 수백 종류의 맥주가 빼곡히 적혀 있었다. 방대한 리스트가 연도별로 정리되어 있었고 오래될수록 가격은 비쌌는데, 10년 정도 묵은 맥주는 기본이며, 1970~80년도에 생산된 맥주들까지 보였다. 이렇게 오랫동안 보관돼 온 수많은 맥주들이 바로 쿨미네이터가 맥주성지로 거듭난 이유가 아니었을까.

잠시 화장실을 가던 중 가게를 살짝 둘러보았는데, 온통 맥주들로 가득한 성안에 온 기분이었다. 과연 지하 저장소에는 얼마나 많은 맥주들이 시음자를 기다리고 있는 걸까.

고민 끝에 고른 첫 맥주는 오르발. 겉보기에는 별다를 것이 없어 보이지만, 2005년에 생산된 것이니 10년이 넘게 숙성된 상태였다. 역시나 한국 마트에서 구입해 마셨던 것과는 전혀 다른 느낌의 독특한 경험이었다. 브렛효모에서 전해오는 쿰쿰한 향미가 적어 거부감이 없었고, 탄산도 거의 빠져나가 매우 부드러운 질감이 느껴졌다.

다음 등판은 스트루이스Struise 브루어리의 패넷포트 그랑리저브 Pannepot Grand Reserva. 스트루이스의 대표 맥주인 패넷포트를 오크통에 두 차례나 숙성시킨 맥주로, 쿼트루펠 타입 중에서 최상위로 꼽

부시노엘과 시메이 블루

패넷포트 그랑리저브 2008

힌다. 여러 연도 중에서 가장 오래된 2008년산을 골랐다. 한 모금 머금었을 뿐
인데 엄청난 풍미가 전해졌다. 달달한 캐러멜과 검붉은 과일, 초콜릿과 커피 향
이 복합적으로 섞여있는 입체적인 맛이었다. 입안에서 쓴 느낌이 없이 은은하
고 부드럽게 마무리되는 것도 인상적이었다. 이날 맛보았던 맥주 중에서 단연
최고였다.

맥주를 마시다가 벽에 붙은 다소 걱정이 되는 안내문을 발견하였다. '2020
년부터는 19시까지만 운영한다'는 내용. 노부부 건강상의 이유로 인해 늦은 시
간까지 가게를 운영하기가 어렵기 때문이라고 한다(현재도 건강 문제로 갑작스럽
게 1~2주씩 임시 휴업을 하기도 한다). 할머니께 '가게를 물려받을 사람은 없는지'
여쭤보았더니, 딸이 있지만 맥주에 관심이 없어서 가게를 이어받을지 모르겠다
고 하신다. 이 사랑스러운 펍이 문을 닫게 되는 불상사는 절대 일어나서는 안 된
다는 우려와 문득 내가 운영을 한다면 어떤 펍이 될까 호기심도 일었다.

▶ Tip Box
쿨미네이터에는 별도의 안주가
없다. 미리 배를 든든히 채우고,
생수를 준비해서 방문하자. 또
한 갑작스럽게 휴업을 할 수 있
으므로 방문 전에 페이스북을
확인해보자.

어느덧 자정이 가까워져 마지막 맥주를 골랐다. 베스트블
레테렌8과 12. 워낙 인기가 많아 오래 보관된 것은 다 소진되
고 그나마 가장 오래된 2015년산을 주문했다. 이번엔 2~3년
정도밖에 지나지 않았기 때문인지 큰 특징은 느끼지 못했지
만, 맥주도 와인이나 위스키처럼 연도별로 풍부하게 골라 맛
볼 수 있다는 체험 자체가 엄청난 재미를 주었다.

알지 못할 수는 있어도 한번 가면 절대 잊을 수 없는 매력
의 쿨미네이터. 앞으로도 맥주의 성지로서 쭉 유지되어 또다
시 방문할 수 있기를 바라는 마음을 품고 숙소로 돌아왔다.

쿨미네이터
주소 Vleminckveld 32, 2000 Antwerpen
영업시간 월 : 20:00 ~ 23:30 화~토 : 16:00 ~ 23:30 휴무 : 일요일
※임시 휴무 기간이 종종 있으므로 홈페이지(페이스북)에서 영업시간 확인 필수
홈페이지 www.facebook.com/Kulminator.friends/

병입숙성 Bottle Conditioning

병입숙성은 맥주를 병에 담을 때 소량의 효모를 함께 넣어 병안에서 발효가 일어나도록 유도하는 공정이다. 맥주를 제조하며 발생하는 1차적인 발효과정에 더하여 병 안에서 2차적인 발효가 이어지게 만드는 것. 일반적으로 완성된 맥주는 살균 및 여과 작업을 거친 후 병이나 캔에 담기 때문에 쉽게 변질되지 않고 일정한 품질이 유지된다. 그러나 병입숙성된 맥주는 병 속의 효모가 계속해서 활동하면서 맥주의 풍미를 변화시키고, 발효과정 중 만들어진 이산화탄소가 맥주에 녹아들면서 탄산감을 만들어 맥주에 특징 있는 변화가 일어나게 한다.

특히 벨기에에서는 전통적으로 병입숙성 기법을 많이 사용하였기 때문에, 와인병처럼 생긴 큰 병에 담겨있는 맥주들을 많이 볼 수 있고, 완벽히 밀봉되도록 코르크마개가 사용되는 경우도 적지 않다. 또 병입숙성은 주로 높은 도수의 맥주에서 활용되는데, 강한 알코올의 향은 줄어들고 더 깊은 풍미를 만들어 낸다.

쿨미네이터에서 숙성 중인 수많은 보물들

IPA와 같이 홉의 신선함이 중요한 맥주는 보관 기간이 지날수록 풍미가 떨어지지만, 벨기에 맥주는 대체로 홉이 보조적인 역할만 하기 때문에 상대적으로 오래 보관할 수 있어서 병입숙성을 사용하기에 적합하다. 또한 알코올 도수가 높을수록 유통기한이 긴 경향이 있는데, 벨기에 맥주들의 상당수가 높은 도수를 갖고 있어 병입숙성 기법을 활용하기 상당히 좋은 환경을 갖추었다고 할 수 있다(람빅의 경우에는 5% 정도 도수임에도 유통기한이 20년인 맥주도 있다).

이러한 이유로 벨기에 맥주들은 오래될수록 가치가 높아지는 경우가 많다. 오르발 수도원의 레스토랑에서는 올해 생산된 것보다 1년 이상 지난 맥주를 비싸게 판매하고 있고, 여러 펍에서도 같은 맥주라도 오래된 것이 더 고가인 편이다. 또한 생산연도를 병에 표기하거나, 맥주 이름에 오래 되었다는 의미의 이름을 붙여 강조하기도 한다.

안트베르펜의 쿨미네이터에서는 30년 넘게 숙성된 맥주를 마실 수 있다. 라벨에 표시된 유통기한이 한참 지났음에도 판매가 되는 것이니, 우리나라에서는 거의 불가능한 체험일 것이다.

물론 병입숙성이 오랫동안 일어난 것이 무조건 좋은 맥주라고는 할 수 없다. 최상의 풍미를 갖게 되는 시기는 맥주의 종류와 병입숙성이 일어나는 과정 및 보관상태 등에 따라 달라지기 때문이다.

집에서 세월을 담아낸 병입숙성된 맥주를 맛보고 싶다면?

간단하다. 마트에서 트라피스트 맥주를 구입한 뒤 눈에 잘 띄지 않는 곳에 보관해서 몇 년 뒤 맛보면 된다. 단, 맥주를 보관할 때는 직사광선을 피하고 서늘한 곳에 두어야 하며, 병뚜껑이 있는 맥주는 눕혀 놓으면 쇠맛이 날 수 있으니 세워서 보관해야 한다.

Antwerp

Billie's Bier Kafétaria
_ 빌리스 비어 카페타리아

귀여운 불독 강아지 '빌리'가 지키고 있는 안트베르펜의 인기 펍, 빌리스 비어 카페타리아에 방문하였다. 마치 동화처럼 한적한 길가에서 허름해 보이는 출입문을 열고 들어서면 내공이 흠씬 느껴지는 바의 모습이 눈앞에 펼쳐진다.

오픈한지 얼마 지나지 않았지만 빠르게 인기를 얻으며 2017년에는 BCBF Billie 's Craft Beer Fest 라는 전 세계 40개 양조장이 참가하는 맥주 축제를 주최할 정도로 성장하였으며 앞으로의 발전이 무척 기대되는 곳이다.

이곳은 11개의 생맥주와 약 150개의
병맥주를 취급하고 있었는데 먼저 생맥
주 2잔을 주문하였다.

먼저 벨기에 유명 브루어리 중 하나인
드랑케[De Ranke]의 심플엑스[SimpleX]. 4.5%의 가
벼운 도수를 지닌 쾰시 또는 필스너 스타
일로 다소 이른 낮 시간에 선택하기 제격
이었다. 심플엑스와 함께 고른 루풀루스

심플엑스와 루풀루스 블론드

블론드[Lupulus blonde]는 늑대 그림의 전용잔이 인상적이다. 루풀루스라는 브랜드 이
름은 홉[Hop]의 라틴어 학명 'Humulus Lupulus'에서 따온 것으로, 이는 '작은 늑
대[small wolf]'라는 의미도 있기 때문에 늑대 로고를 그려 넣었다고 한다. 트리펠 타
입의 맥주로 꽃향기가 강했고 과일의 달콤한 향도 확 피어오른다. 주문했던 새
우 크로켓 등 가벼운 핑거 푸드와 잘 어울리는 맛이었다.

아늑하고 편안한 분위기에 취해갈 무렵 가게 입구를 들락날락하는 빌리의
모습을 발견할 수 있었는데, 가게 간판에 그려진 모습보다 통통한 실물이 더 귀
여웠다.

다음으로 주문한 맥주는 인상적인 나무 도마에 서빙되는 4가지 샘플러. 11
개의 생맥주 중에서 한두 가지를 제외하고는 원하는 것을 고를 수 있었다. 가장
인상 깊었던 것은 프라클러메이션 이더리우스 Proclamation Ethereous와 마인드 유어 스
텝Mind Your Step. 프라클러메이션 이더리우스는 미국에서 만든 IPA로 신선한 홉의
쌉쌀함과 향긋한 시트러스향이 훌륭했다. 마인드 유어 스텝은 네덜란드 아우셰
Uiltje 브루어리의 임페리얼 스타우트* 스타일로 무려 14%의 도수답게 쓴맛도 강
했고 끈적한 질감이 입안을 채웠다.

샘플러를 모두 비운 뒤, 안트베르펜에서의 다음 일정을 위해 아늑한 아지트

---

*임페리얼 스타우트: 18세기 영국의 스타우트(까맣게 태운 맥아를 사용한 흑색의 에일맥주)가 러시아로 수출되면
서, 어는 것을 방지하기 위해 도수를 높인 것이 유래가 된 스타일. 러시안 임페리얼 스타우트라고도 불린다. 다른
스타우트보다 도수가 높고, 질감과 맛이 묵직한 것이 특징.

로 삼고 싶은 빌리스 비어 카페타리아에서의 시간을 마무리하였다.

🍺 빌리스 비어 카페타리아
주소 Kammenstraat 12, 2000 Antwerpen
영업시간 월 : 18:00 ~ 24:00 휴무 : 화
수 : 16:00 ~ 24:00 목 : 16:00 ~ 24:00 금 : 16:00 ~ 02:00 토 : 15:00 ~ 02:00 일 : 15:00 ~ 24:00
홈페이지 : www.facebook.com/billiesbierkafetaria

Gollem's Beers & Burgers
_골렘

푸짐한 자이언트 버거와 함께 맥주를 즐길 수 있는 곳, 바로 안트베르펜 시청사 옆에 위치한 골렘Gollem's Beers & Burgers이다. 2012년 문을 연 이곳은 햄버거 맛뿐만 아니라 맥주의 라인업도 훌륭한 덕분에 안트베르펜의 인기 펍 중 하나로 떠올랐다.

접근성이 뛰어난 덕분에 안트베르펜 시내 관광을 마치고 곧장 저녁 식사 겸 골렘에 방문하였다. 여름이라면 야외에 앉아 멋진 시청사 건물의 야경을 감상하며 맥주를 마실 수 있지만, 쌀쌀한 10월이었기에 펍 안으로 들어가야 했다.

내부에는 이미 가장 안쪽까지 테이블이 들어 차 있었는데, 이곳저곳에서 맥주 덕후들의 신호가 감지됐다. 가게의 구석구석에는 수많은 빈 맥주병들로 가득했고, 바를 빽빽이 채운 전용잔과 생맥주 탭들은 이곳이 맥주 맛집임을 암시하고 있었다.

자리를 잡자마자 궁금했던 햄버거부터 시켰다. 그와 어울리는 맥주를 찾기 위해 펼쳐든 두툼한 맥주 메뉴판에는 약 30가지의 생맥주와 수백 가지의 병맥주 목록이 적혀있었다.

먼저 메뉴판 가장 위에 적힌 세잎비어Seefbier라는 맥주에 이끌렸다. 2대8 가르마를 탄 아저씨가 모델이었는데, 촌스럽다는 선입견을 가질 뻔했던 이 맥주는 알고 보니 안트베르펜 지역의 오래된 전통 맥주였다. 17세기부터 만들어졌는데, 1차 세계대전 이후 작은 양조장들이 사라지면서 세잎비어 양조장도 함께

문을 닫게 되었다. 그러다 2012년, 맥주 부활 프로젝트를 통해 안트베르펜 브루 컴퍼니Antwerp Brew Company가 설립되었고, 마침내 세잎비어가 부활하여 2016년에는 안트베르펜 지역 맥주로 인정받기에 이르렀다고 한다.

세잎비어는 쿰쿰한 맛이 과하지 않게 살짝 느껴져 지루하지 않으면서도 알맞은 청량감을 주었고, 언뜻 세종Saison과 비슷한 풍미가 느껴졌다.

세잎비어와 함께 주문한 맥주는 골렘 프레셔스 IPAGollem Precious IPA. 골렘에서 하우스 맥주로 내세우는 자체맥주 2가지 중 하나로, 머스킷티어Musketeers라는 벨기에 브루어리에 위탁하여 생산하고 있었다.

레스토랑이나 펍에서 맥주 양조장에 위탁하여 자신의 브랜드 맥주를 만드는 모습은 한국에서도 자주 볼 수 있는데, 개인적으로 좋은 시도라고 생각한다. '자체 맥주'라는 희소성의 이미지가 새로운 체험감을 주기 때문. 골렘 프레셔스 IPA는 감귤향이 나며 쌉쓸한 홉향이 느껴지는 무난한 IPA였다.

맥주를 마시던 중 기다리던 햄버거가 나왔다. 엄청난 두께의 패티가 눈을 먼저 즐겁게 한다. 이때 맛봤던 투박해 보이면서도 속이 꽉 찬 햄버거가 아직도 눈앞에 아른거린다. 특히 손가락 한마디 정도는 돼 보이는 두꺼운 패티는 육즙이 사르르 배어나오는 담백한 맛이 일품이었다.

세잎비어 (Seefbier)

엄청난 두께의 패티가 인상적이었던 골렘의 햄버거

마지막 맥주는 인글로리어스 쿼드Inglorious Quad. 안딜스라는 벨기에 브루어리에서 만드는 쿼드루펠 타입의 맥주이다. 앞서 마신 두 가지와 달리 10.3%의 높은 도수를 지녔기 때문에 쓴맛이 강하며 깊은 맥아의 맛과 말린 과일향 등이 복합적으로 어울린 쿼드루펠의 특징이 잘 살아있는 풍미였다.

이번 여행 동안 방문했던 곳 중 유일한 햄버거 전문점이기 때문이었는지, 펍이라기 보다는 햄버거 맛집으로 기억되는 골렘이다. 물론 햄버거를 제외하더라도 맥주만으로도 충분히 멋진 곳임에는 틀림이 없다.

 골렘
주소 Suikerrui 28, 2000 Antwerpen
영업시간 일~목 : 11:00 ~ 01:00 금~토 : 11:00 ~ 03:00
홈페이지 gollem.be

Oud Arsenaal

_오드 아세날

바로크 미술의 거장 루벤스. 안트베르펜은 루벤스의 도시라고 불릴 정도로 그는 이 지역의 상징과 같은 화가다. 그가 살았던 저택이자 작업실은 현재 박물관으로 운영되며 안트베르펜의 명소로 자리 잡았다.

루벤스의 집(Rubenshuis)

　예술분야에 문외한인 나는 루벤스의 생가 외관만 잠시 둘러본 뒤 근처에 위치한 목적지로 발걸음을 옮겼다. 그곳은 바로 안트 베르펜의 터줏대감 오드 아세날. 1924년 오픈했으니 거의 100년이 돼가는 노포이다. 벽에 잔뜩 붙은 오래된 포스터들은 이 가게의 오랜 역사를 이야기해 주는 듯했다.

　박물관에 온 것 같은 기분으로 자리에 앉아 메뉴판을 보니 5~6가지의 생맥주와 수많은 병맥주들이 있었고, 늘 그렇듯 상쾌한 생맥주로 골랐다.

　첫 출전은 드 코닉De Konnick 양조장의 대표맥주인 페일 에일. 일반적으로 페일 에일이라고 하면 쌉싸래한 홉향이 느껴지는 미국식 페일 에일American Pale Ale, 줄여서 APA을 말하는데, 이건 안트베르펜식 페일 에일이다(Antwaarpse Pale Ale, 역시 줄여서 APA라고 부른다). 밝은 색을 띠는 미국 스타일과 달리 진한색을 지니고 있고, 한 모금을 마셔보면 벨기에 맥주 특유의 알싸한 효모의 향이 입안을 채운다. 약간의 캐러멜과 계피의 맛이 도드라지는 꽤나 독특한 스타일의 맥주였다. 아마도 이것이 안트베르펜을 대표하는 맥주 스타일이 아닐까 하는 생각이 들었다.

두 번째 맥주는 스텔라 아르투아Stella Artois. 세계에서 가장 많이 판매되는 벨기에 맥주이자 세계 4대 맥주로 손꼽히는 페일라거 스타일로서 국내에서도 인기가 높다.

여행 중 희귀한(?) 맥주를 주로 찾다 보니 오히려 대중적인 스타일을 마실 기회가 많지 않았기에 주문해 보았다. 청량하면서도 개운한 맛이 입안을 헹궈주는 역할을 해주었다. 기본 스타일이 주는 표준적인 맛은 특히 여러 희귀 맥주를 맛볼 때 나침반과 같이 미각의 위치를 가늠하게 해주기도 한다.

세 번째 맥주는 가게 이름을 따서 만든 아세날Arsennal. 골렘과 마찬가지로 양조

왼쪽부터 드 코닉 안트베르펜 페일 에일, 스텔라 아르투아, 아세날

장에 위탁해서 만든 하우스 맥주로서, 불투명한 색깔과 솜처럼 몽실몽실한 거품이 인상적이다. 앞서 맛본 드 코닉의 페일에일과 비슷한 알싸한 효모의 맛이 느껴졌는데, 불현듯 트라피스트 맥주인 베스트말레 듀벨이 떠올랐다. 베스트말레 수도원이 안트베르펜 근처에 위치해 있기 때문일까. 이런 알싸한 풍미가 이 지역 맥주들의 유사한 특색이 아닐까 하는 생각이 들었다.

맥주를 마시다 보니 편한 복장의 어르신들이 삼삼오오 모여 맥주와 음료를 주문하면서 이야기를 나누는 모습이 눈에 들어왔다. 혼자 오신 할아버지도 늘 그래왔다는 듯이 구석 자리에 앉아 맥주 한잔을 친구 삼아 시간을 보내고 있었다. 아마도 이곳은 지역 사람들과 함께 세월을 간직한 휴식처 같은 공간인 듯 했다. 안트베르펜 시내 관광 일정을 위해 가볍게 세잔 정도로 끝내고 나서는 길이 아쉬움으로 가득했다. 만약 내가 안트베르펜에 살았다면 이들과 같이 오드 아세날의 단골손님이 되지 않았을까.

 오드 아세날

주소 Maria Pijpelincxstraat 4, 2000 Antwerpen
영업시간 수,목,금 : 10:00 ~ 21:00 토, 일 : 07:30 ~ 19:30
휴무 월,화
※임시 휴무일은 홈페이지 참고
홈페이지 www.dorstvlegel.be

안트베르펜 러닝 다이어리

다이아몬드의 도시이기 때문인지 반짝반짝 세련돼 보이는 은빛의 건물들. 시내 한켠 정삼
각형 모양의 공원에서 부슬부슬 내리는 비를 맞으며 달린다. 견학을 나온 듯한 귀여운 유
치원생들과 손을 흔들고 나니 가슴속에 흐뭇한 미소가 새겨진다. 우연히 들른 작은 가게에
서 심심했던 주인의 수다 상대가 되어주기도 하고, 그가 추천해준 동네 주민들의 단골 가
게에서 따뜻한 음식 한 그릇 먹어보는 것은 결코 시간을 낭비하는 것이 아닐 것이다. 꼭 유
명한 관광지를 가보지 못하더라도, 그런 소소한 추억들이 가슴 깊게 남아 있다면 말이다.

안트베르펜 투어 리스트

📷 볼거리

안트베르펜 중앙역 Antwerpen-Centraal

세계에서 가장 아름다운 기차역 중 하나로 손꼽히며, 화려한 내부 장식과 거대한 돔이 인상적이다.

루벤스의 집 Rubenshuis

바로크 미술의 거장인 루벤스의 저택이자 작업실이었던 곳. 현재는 박물관으로 운영되어 루벤스의 작품들을 감상할 수 있다.

안트베르펜 대성당
Onze-Lieve-Vrouwekathedraal Antwerpen

123m의 고딕 양식 성당으로 큰 규모를 자랑하며 내부에는 루벤스의 작품들이 전시되어있다. 동화 플란다스의 개에서 주인공 네로가 파트라슈와 함께 숨을 거둔 곳으로도 유명하다.

시청사
Stadhuis van Antwerpen

고딕 양식 건축의 유행을 벗어나 새로운 르네상스 스타일로 디자인된 건물. 시청사 앞 광장의 야경도 주요 볼거리.

스틴 성 Het steen
중세시대 요새로 지어졌지만 500년 넘게 감옥으로 사용되었던 곳. 현재는 해양박물관으로 활용되고 있다.

🍺 맥주 산책 추천

드 코닉 De Koninck

안트베르펜을 대표하는 전통 양조장이자 안
트베르펜시에 유일하게 남은 도시 양조장으
로, 1833년 드 핸드(De Hand)라는 이름으로
처음 설립이 되었다. 당시 양조장 근처에는 범
죄자들이 교수형에 처해지는 장소가 있었는
데, 그곳과 마을과의 경계지대 사이에 손모양
의 표지판이 존재하고 있었다. 이 손모양을 모
티브로 양조장 이름을 '손'이라고 지었다는 이
야기가 전해진다.

손그림이 그려진 최초의 로고(좌)와 최신 로고(우)

드 코닉의 대표맥주인 페일 에일은 홉의 쓴맛이 강조되는 영국이나 미국 스타일과는 다른 독특한 맛을 지니고 있
다. 강도가 세지 않아 마시기 편하면서도, 벨기에 맥주에서 느껴지는 특유의 효모 맛이
잘 살아있다. '안트베르펜 페일 에일(Antwaarpse Pale Ale)'이라고 불릴 만큼, 색다른
매력을 지니고 있는 맥주임이 분명하다. 이 맥주는 공을 의미하는 볼레케bolleke라는
별명을 가지고 있는데, 맥주잔의 모양이 공처럼 생겨서 붙여진 것이라고 한다. 그래서
안트베르펜에서 드 코닉 맥주를 주문할 때는 볼레케 커닝(Bolleke Keuning)이라는 방
언으로 주문한다고 한다.

드 코닉 양조장은 설립 후 가족이 대를 이어 운영해오다 2010년에 대형 맥주회사인
듀벨 무어트가트(Duvel Moortgat)에 인수되었다. 그러나 여전히 드 코닉만의 독자
적인 경영 방식은 유지되고 있다.

투어 프로그램도 제공하며, 바와 상점 등이 있으므로 안트베르펜의 전통 있는 맥주
를 제대로 느껴보고 싶다면 방문하길 추천한다.

볼레케라는 별칭을 가진 드
코닉 맥주

비어러버스 바 Beerlovers Bar

2016년에 문을 연 뒤, 단기간에 안트베르펜
2위를 차지한 펍(RateBeer 기준).
12개의 탭과 150가지 이상의 엄선된 병맥주
를 갖추고 있다. 모던하면서 세련된 분위기가
흘러 더욱 매력적인 곳.

Course.6

중세의 시간이 흐르는 운하도시
헨트

Gent

헨트

유럽을 제패한 로마 제국의 황제 카를5세의 고향으로 알려진 헨트. 중세시대에는 북유럽에서 가장 인구가 많고 부유한 도시였다. 중세시대의 유적이 가득한 운하의 도시이기에 조금 느린 걸음으로 이곳의 정취에 흠뻑 빠져보자.

🍾 맥주 산책로

1. 그루트 - 홉 대신 그루트라는 허브를 사용하여 만든 중세시대풍의 맥주를 마실 수 있는 곳
2. 드 홉 듀벨 - 전 세계 최고의 맥주 마켓
3. 브릿지 브라세리 - 헨트 전통 요리와 함께 맥주를 즐길 수 있는 곳

헨 트 맥 주 산 책 로

그루트 ➔ 드 홉 듀벨 ➔ 브릿지 브라세리

Gruut
_그루트

중세시대의 분위기가 물씬 풍기는 우아한 운하도시 헨트.
그런데 사실 이곳은 안트베르펜이나 브뤼헤 등 다른 도시
에 비해 맥주를 즐길 곳은 많지 않다. 하지만 2009년에 헨
트를 대표할만한 양조장이 생겼으니 바로 그루트 브루어리
Gruut Brouwerij 다.

그루트Gruut는 '허브 혼합물'을 뜻한다. 중세시대에는 지역
별로 다양한 허브, 즉 그루트를 사용해 맥주를 만들었는데, 홉이 각광 받기 시작
하면서 점차 잊혀 지게 되었다. 홉이 더 저렴하고 방부효과도 탁월했을뿐더러,
일부 허브는 사람에게 해가 되는 경우도 있었기 때문이다. 또한 중세시대 헨트
는 강을 기준으로 두 구획으로 나뉘었는데, 프랑스의 통치를 받은 왼쪽 지역에
서 그루트를 사용하여 맥주를 만들었다고 한다.

이처럼 그루트 맥주의 역사가 담겨 있는 헨트 시내에 아직까지 이 맥주를 만
드는 양조장이 존재한다는 것이 얼마나 다행인지 모른다.

그루트 브루어리는 시내 가장자리에 위치해 있지만, 헨트는 작은 도시이기
때문에 걸어서도 쉽게 도착한다. 커다란 흰색 건물 안으로 들어가니 다양한 양
조시설과 넓은 시음 공간이 나왔다. 양조시설과 시음공간이 물리적으로 분리되
어 있는 다른 곳들과 달리, 이곳은 바로 옆에 붙어있는 것이 인상적이다.

양조시설을 간단히 둘러본 뒤 자연스럽게 이어진 맥주 오더. 메뉴판에서 정

1 중세시대에 홉 대신 사용되었던 허브
2 시음 공간과 붙어 있는 양조시설

말 반가운 아이템을 발견했으니, 바로 5가지 맥주 테이스터(샘플러)였다. 그루트 브루어리에서는 Wit, Blond, Amber, Bruin, Inferno 총 5가지 맥주를 만들고 있는데, 이 맥주들을 모두 맛볼 수 있는 최고의 선택이기 때문.

먼저 이곳의 주력이라고 할 수 있는 윗Wit을 맛보았다. 호가든으로 대표되는 벨지안 화이트 스타일의 맥주인데 호가든에 비해 은은한 풍미가 느껴졌으며, 적절한 탄산감으로 청량하게 마실 수 있었다. 그 외 나머지 4개의 맥주는 이렇다 할 매력이 없었는지 맛은 잘 기억이 나질 않는다. 실제로 이곳의 맥주들은 평점으로만 본다면 인기 있는 편이 아니다. 하지만 중세시대의 맥주를 체험해본

3 커플의 에로틱한 포즈를 볼 수 있었던 코스터
4 홈페이지에 소개된 아나모르포즈

다는 점에서 충분히 즐길 수 있었다.

아내와 둘이서 테이스터 하나만 마시기에는 아쉬워서 윗을 한잔 추가했다. 기다란 모양의 잔에 담겨 나온 맥주. 그루트 브루어리에는 '허브'라는 특징 외에 또 한 가지 숨겨진 특징이 있는데, 바로 이미지가 일그러지게 보이는 아나모르포즈anamorfose라는 현상이다. 맥주잔 아랫부분을 통과해서 보면 물체가 휘어져 보이는데, 이곳의 코스터를 잔 아래 두면 에로틱해 보이는 여성의 포즈를 볼 수 있다. 이런 형식의 그림들은 르네상스 시대에 금기되었으며 에로티시즘의 거의 원형적인 형태라고 한다.

홈페이지에 소개된 하얀 코스터와 달리, 내가 방문했던 날은 검은 코스터에 남녀가 함께 그려져 있었다. 이곳에 방문했을 때 잔을 통해 코스터 안의 어떤 그림을 발견해 내느냐는 것도 큰 재미다.

우아한 운하도시 헨트에서 중세시대 맥주를 재현해낸 그루트 맥주를 마신다면, 맛으로 유럽 역사를 체험하는 듯한 낭만을 느낄 수 있을 것이다.

🍺 그루트
주소 Rembert Dodoensdreef 31a, 9000 Gent
영업시간 월~목 : 11:00~18:00 금~토 : 11:00~23:00 휴무 일요일 14:00~19:00
홈페이지 : www.gruut.be/en

De Hop Duvel
_드 홉 듀벨

헨트에서 놓치지 말아야 할 방문지를 꼽으라면 바로 이곳, 드 홉 듀벨De Hop Duvel 일 것이다. 전 세계 바틀샵 중에서도 최고로 손꼽히는 곳이기 때문. 만약 헨트에 머물지 않고 브뤼셀에서 곧장 브뤼혜로 이동할 계획을 가지고 있더라도, 이곳만은 꼭 들렀다 가길 바란다.

하지만 정작 나는 드 홉 듀벨을 일정에 맞게 방문할 수가 없었다. 이곳의 휴무일은 일요일과 월요일이었는데, 헨트에서 숙박한 다음 날인 월요일에 브뤼혜

대형 마트 같은 드 홉 듀벨의 매장

로 이동해야 했기 때문이다. 그렇다고 세계 최고의 바틀샵을 그냥 지나칠 수는 없는 노릇이었다. 결국 브뤼헤에서 포페린게로 이동해야 했던 화요일에 다시 헨트를 들렀다가 가기로 했다. 동선상 1시간 이상을 더 소비하게 되었지만, 분명히 말할 수 있는 건 드 홉 듀벨을 방문했던 것은 정말 탁월한 선택이었다는 것이다.

드 홉 듀벨은 흔히 생각하는 소품점 같은 바틀샵이 아니라 대형 마트 같은 곳이었다. 널찍한 주차장에 주차를 한 뒤 설레는 마음으로 건물에 입장하는 순간 엄청난 스케일에 입이 떡 벌어지고 말았다. 들어가자마자 처음으로 눈에 띈 것은 와인 진열장. 동굴 같은 공간에 와인이 빼곡하게 진열되어 있었는데, 이때만큼은 와인에 대한 관심이 없는 것이 오히려 다행이라는 생각이 들 정도였다.

이제 본격적으로 맥주를 구경해볼 시간. 먼저 여러 종류의 맥주 선물세트들이 눈길을 붙잡았다. 한국에도 이런 선물세트가 있다면 꼭 받아보고 싶다고 사람들에게 알리고 싶을 만큼 예쁘게 꾸며져 있었다. 그 앞으로 수백 가지의 전용잔들도 나의 손길을 유혹하였지만 꾹 참고 지나갔다.

하지만 맥주 진열대에 박스째로 쌓인 엄청난 양을 보는 순간 유혹의 손길을 더 이상 참을 수 없었다. 벨기에의 어느 바틀샵에서도 구하기 어려운 한정판 맥주들부터, 1.5L에 달하는 매그넘 사이즈까지, 한국에 처음 수입될 때마다 맥주 마니아들을 열광시켰던 희귀한 맥주들이 이곳에서는 무심하게 진열돼있을 뿐이었다.

St Bernardus
Prior 8
Watou
St Bernardus
Tripel
Watou
GOUDEN
CAROLUS
classic
GOUDEN
CAROLUS
tripel
GOUDEN
CAROLUS
5,20
4.50
4,10
3,70
3,70
5,85
6,40

VEDETT
Duvel
Duvel
Duvel

벨기에 맥주에 주로 사용되는 코르크마개까지 판매하고 있다

특이한 점이라면 대부분이 벨기에 맥주들로 채워져 있다는 것. 이웃 나라인 네덜란드 맥주들은 제법 보이는 편이지만, 바틀샵이라고 하면 흔히 갖추고 있는 미국맥주들은 많지 않았다.

온갖 종류의 람빅부터 모든 종류의 트라피스트까지. 그야말로 없는 게 없는 맥주 아지트였다. 맥주를 만드는 장비와 재료들도 잘 갖춰져 있어서, 직접 맥주를 만들고 싶은 욕구가 솟아날 정도였다. 넓은 매장을 두 세바퀴 돌며 구경하다 보니 어느새 시간이 많이 지나있었다. 마음 같아선 양손에 맥주를 가득 들고 나오고 싶었지만, 계속 짐을 가지고 다녀야 하는 어려움과 앞으로 우리를 기다리는 방문지도 많았기 때문에 아쉬움을 남긴 채 7병 정도로 만족하고 매장을 나왔다.

두말할 필요가 없었던 맥주 마니아들의 천국 드 홉 듀벨. 단 하루만이라도 이 매장이 한국으로 옮겨오면 어떨까 하는 바람을 갖게 만드는 곳이다.

🍾 드 홉 듀벨
주소 Coupure Links 625, 9000 Gen
영업시간 화~토 : 10:00~18:00 휴무: 일, 월, 공휴일
홈페이지 www.dehopduvel.be

Bridge Brasserie

_브릿지 브라세리

2주 동안의 맥주여행에서 절반의 반환점을 지날 무렵 도착한 헨트. 일주일 동안 다양한 맥주를 마셨던 내게 유명한 펍이 별로 없는 헨트는 오히려 힐링의 도시로 느껴졌다. 양조장과 펍 방문에 모든 일정과 동선을 맞췄던 다른 도시와는 달리, 이곳에서는 온전히 도시의 냄새를 맡을 수 있었다. 멋진 중세시대 건물들과 도시를 가로지르는 강을 보며 느긋한 마음으로 동네를 산책해보았다.

헨트의 종루 앞 성바프 광장

어느덧 발길이 닿은 헨트의 심장 성바프 광장Sint-Bassfsplein. 성바프 성당과 종루가 둘러싸고 있는 멋진 광장이다. 이곳에는 몇 곳의 레스토랑이 자리 잡고 있는데, 그중 가장 분위기가 좋아 보이는 가게로 즉흥적으로 들어갔다. 브릿지 브라세리 Bridge Brasserie 라는 이 레스토랑은 갈색톤으로 꾸며진 세련된 분위기가 흐르고 데이트를 즐기는 커플들로 가득했다.

자리에 잡은 뒤 눈을 사로잡는 것이 있었으니 바로 맥주 서빙 공간. 반짝거리는 맥주 탭과 수많은 맥주잔들을 보니 이곳을 택한 것이 흡족해지는 순간이었다. 맥주 메뉴판에는 9가지의 생맥주를 비롯해 수십 가지의 병맥주가 있었다. 생맥주 목록에는 라쇼페La chouffe, 베데트Vedett, 마레드수스Maredsous, 리프만스Liefmans, 드 코닉De koninck 등이 보였는데, 공통점이 있었다. 바로 벨기에 대표맥주 중 하나인 듀벨Duvel을 생산하는 대형 맥주 회사 듀벨 무어트가트 Duvel Moortgat 의 맥주라는 점이다. 안트베르펜의 대표 양조장인 드 코닉도 무어트카트에게 인수되었다는 것은 앞에서 소개한 바 있다. 브릿지 브라세리에서는 무어트가트의 맥주들이 주력인 것으로 보인다.

주문한 메인 요리가 나오길 기다리는 동안 맥주 두 잔이 먼저 서빙되었다. 첫번째는 마레드수스 6Maredsous 6. 마레드수스 수도원의 레시피를 사용하여 만드는 애비맥주로, 레페와 더불어 상당히 유명하다. 마레드수스는 6, 8, 10 총 3가지

마레드수스 6 라쇼페

1 부드럽고 담백한 맛이 훌륭했던 바르테조이
2 시메이 트리펠과 탱크7

가 있는데, 국내에서는 브륀 스타일인 마레드수스 8을 접한 적이 있다. 마레드 수스 6은 블론드타입으로서 상대적으로 낮은 도수인 6%였기에 편하게 마실 수 있었다. 기대하지 않았던 곳에서 수도원 생맥주를 마시게 되다니 기분 좋은 첫 잔이었다.

두 번째는 라쇼페 La Chouffe. 귀여운 난쟁이 캐릭터로 국내에도 잘 알려진 수준 높은 맥주다. 도수는 8%로, 밝은 색을 띤다는 것이 특징인데, 산뜻하고 경쾌한 느낌이 매력적이다. 호가든으로 대표되는 벨지안 화이트의 상큼한 오렌지향과 화사한 꽃향기를 품은 트리펠의 풍미가 전해졌다. 맛있는 맥주 연달아 마시니 팍팍한 일정이 주는 피로감이 어느 순간 녹는 것 같았다.

때마침 도착한 요리 볼로방 Vol au vent은 닭고기를 넣어 만든 고기파이로 크림소스로 버무린 닭고기와 페스츄리 같은 빵이 어울려 누구나 맛있게 먹을 수 있는 메뉴였다. 이어서 나온 두 번째 요리가 하이라이트였는데, 바로 바테르조이 Waterzooi! 닭고기, 채소, 감자를 넣어 만든 스튜로서, 빵을 함께 찍어먹는 헨트의 전통음식이다. 진한 색상과는 달리 담백한 맛이 일품이었다. 마치 동대문의 소문난 가게에서 닭한마리를 먹고 있는 것 같은 기분이랄까. 기력이 채워지니 맥주를 추가하는 것은 당연한 수순.

트라피스트 맥주인 시메이 트리펠 Chimay Tripel과 블러바드 탱크 7 Boulevard Tank 7을 선택했다. 탱크7은 벨기에 전통 맥주 스타일인 '세종'타입이지만 미국에서 만들어진 맥주다. (미국 양조회사인 블러바드 역시 무어트가트에 인수된 상태) 마침 베네룩스 여행 당시 한국에서도 큰 인기를 끌고 있던 탱크7을 생맥주로 마시게 되니 무척 반가웠다. 약간의 쿰쿰함과 달콤한 귤 향이 뒤섞여 입안을 채워주었다. 사전 조사 없이 무심코 찾았지만 음식은 물론 맥주까지 훌륭했던 브릿지 브라세리. 헨트에 대한 기분 좋은 추억 하나를 더 쌓게 되었다.

🍴 브릿지 브라세리
주소 Sint - Baafsplein 21, 9000 Gent,
영업시간 매일 10:00~24:00
※ 임시 휴무일은 홈페이지 참고
홈페이지 www.brasseriebridge.be

헨트 러닝 다이어리

헨트의 잔잔한 운하를 따라 세워진 중세시대의 건물들과 그 위를 가득 채운 양
떼구름. 나는 한 폭의 명화 안에서 달리고 있다. 이 길을 달리는 순간, 바쁜 일
정에 쫓겨 왜 조금 더 여유 있게 주변을 둘러보지 못했을까 하는 아쉬움으로부
터 자유로워졌다. 그림을 빠져나와 결승선에 다다르니 만국기가 완주를 축하
해 주고 있다.

헨트 투어 리스트

헨트는 특정 지역보다 도시 그 자체가 매력인 곳이다. 도시에 흐르는 강의 전경, 아침 산책길에 볼 수 있는 동화 같은 풍경, 그리고 고요한 강에 비친 황금색 건물들이 수놓은 야경은 잊기 힘든 장면들을 연출한다.

성 바프 대성당 Sint-Baafskathedraal
카를5세가 세례를 받았다는 헨트에서 가장 오래된 성당. 베네룩스 중에서 가장 큰 오르간을 보유하고 있으며, 15세기의 명곡인 '어린 양에 대한 경배'를 감상할 수 있다.

헨트의 종루 Belfort van Brugge
도시 방어를 위한 망루 역할을 했던 종루답게 높이가 90m에 달한다. 엘리베이터를 타고 올라가면 도시 전경을 내려다볼 수 있는 전망대가 있다.

흐라븐스틴 Gravensteen
백작의 성이라는 뜻을 가진 흐라븐스틴. 12세기 필립 백작에 의해 군사 거점으로 세워졌고 이후 감옥으로도 사용되었다. 강에 떠있는 듯한 성채가 매력인 곳으로서 옥상에서 바라보는 헨트의 전경도 걸작이다.

금요일 시장 Friday Market/Vrijdagmarkt
금요일마다 작은 시장이 열리는 곳으로 광장과 그 주변 건물들이 아름답다.

Course.7

동화 속을 걷는 낭만의 도시
브뤼헤

Brugge

브뤼헤

역사 지구 전체가 유네스코 세계유산에 등재될 정도로 역사가 가득한 도시 브뤼헤. 물의 도시라는 별명답게 많은 운하가 시내까지 들어와 중세시대부터 교역이 크게 발달하면서 성장한 도시이다.

베긴회 수도원 (위) 성혈예배당(아래)

🍺 맥주 산책로

1. **드 할브만** - 반달 모양이 상징인 브뤼헤를 대표하는 양조장
2. **브룩스 베어트예** - 30년이 넘은 역사를 가진 브뤼헤 1등 펍
3. **카페 로즈 레드** - 빨간 장미꽃에 둘러싸여 맥주를 마시는 곳
4. **캄브리누스** - 훌륭한 요리와 다양한 맥주를 즐길 수 있는 레스토랑
5. **스트루이스 비어샵** - 최고의 브루어리 중 하나인 스트루이스의 직영 매장
6. **르 트라피스트** - 동굴 같은 지하의 인테리어가 인상적인 펍
7. **부르고뉴 데 플랜더스** - 운하에 위치한 도심 속 운치 있는 양조장

브 뤼 헤 맥 주 산 책 로

6 르 트라피스트

3 카페 로즈 레드

4 캄브리누스

5 스트루이스 비어샵

마르크트 광장

7 부르고뉴 데 플랜더스

2 브룩스 베어트예

1 드 할브만

드 할브만 ➔ 브룩스 베어트예 ➔ 카페 로즈 레드

➔ 캄브리누스 ➔ 스트루이스 비어샵 ➔ 르 트라피스트 ➔ 부르고뉴 데 플랜더스

De Halve Maan

_드 할브만

반달맥주라 불리는 '스트라페 헨드릭_{Straffe}
Hendrik'으로 국내에도 인지도가 높은 드 할브
만 양조장. 그런데 사실 이곳의 대표맥주는
조트_{Zot}맥주이다.(Zot은 오해를 피하기 위해 본
문에서는 '좃'이 아닌 '조트'로 표기함) 조트는 바
보 또는 광대라는 의미를 갖고 있어서 익살스러운 광대 로고를 사용하고 있다.

국내에도 수입됐었지만 인기가 별로 없어서인지 최근에는 보기가 힘들다.
(발음 때문에 인기가 없는 것은 아닐까). 그러나 브뤼헤에서 조트의 인기는 대단했
다. 길거리에 보이는 레스토랑마다 조트맥주 간판이 걸려있는 것만 봐도 조트
가 브뤼헤를 대표하는 맥주인 것을 알 수 있었다.

날씨가 화창했던 날, 브뤼헤 숙소에서 짐을 푼 뒤 곧장 드 할브만 양조장으로
향했다. 이곳은 11시부터 16시까지 매시 정각마다 투어코스를 진행하고 있다.
티켓을 구입하는 곳이 상점이었기에, 먼저 상점을 쭉 둘러보았다. 스트라페 헨
드릭 쿼트루펠을 오크통에 숙성한 한정판 맥주인 헤리티지 등 고급스러워 보이
는 맥주도 눈에 띄었다.

맥주 외에도 전용잔, 병따개, 열쇠고리, 심지어 조트 광대 모자까지 아기자한
기념품들이 판매되고 있었다.

투어 시작까지 시간이 남아 먼저 들어선 레스토랑에서는 엄청난 인테리어에

1 높은 벽장으로 장식된 서빙 공간의 인테리어
2 스트라페 헨트릭 쿼드루펠

놀라지 않을 수 없었다. 알고 보니 2014년 양조장과 레스토랑을 대대적으로 리모델링했다고 한다. 넓은 레스토랑에서 맥주로 가득 채워진 벽장 쪽 테이블로 안내받았다. 조트 블론드 생맥주를 먼저 선택했는데, 머금는 순간 이 지역에서 왜 조트가 인기를 얻고 있는지 알 것 같았다. 밝은 색상에서 느껴지는 상쾌함이 맛으로 그대로 전달되었고, 단순한 청량함보다는 깊은 맥아의 맛이 느껴졌다. 특히 다른 벨기에 맥주에서 흔하게 느껴지는 특유의 효모향이 강하지 않아 누구나 호불호 없이 마실 수 있는 맥주라는 생각이 들었다.

이어서 주문한 스트라페 헨트릭의 트리펠과 쿼드루펠. 드 할브만 양조장은 가족이 대를 이어서 운영해오고 있는데, 구성원 중 많은 사람의 이름이었던 Henri와 강하다는 의미인 Straffe(영어로 Strong)을 붙여서 Straffe Hendrik라고 이름을 지었다. 1981년 이벤트 성격으로 만들었는데, 반응이 좋아 정식제품이 되었다고 한다.

아쉽게도 병맥주로 제공되었지만 이 맥주를 만드는 현장에서 마신다는 것으로 충분한 즐거움이 있었다. 꽃과 과일향이 특징인 트리펠, 검붉은 과일향과 묵직함이 특징인 쿼드루펠 스타일의 정석과 같다고 할까. 블론드와 듀벨을 담당하는 조트, 트리펠과 쿼드루펠을 담당하는 스트라페 헨드릭을 보니 마치 트라피스트 수도원 맥주의 구성과 비슷하다는 생각이 들었다.

마지막을 장식한 맥주는 스트라페 헨드릭 와일드. 전통적인 트리펠 스타일을 표방하는 맥주로서 브렛 효모를 넣는다. 브렛 효모의 위력답게 쿰쿰한 곰팡이 향이 강하게 느껴졌다. 가볍게 마실 수는 없었지만 호기심을 만족시키기에 충분했다.

맥주를 즐기다 보니 어느덧 투어 시간이 되었다. 첫 코스는 깔끔한 대형 양조시설. 공사가 끝난 지 얼마 안 된 양조시설답게 반짝반짝 빛이 날 정도로 말끔해 보였다.

통로를 따라 좁은 계단을 올라서니 이번엔 마치 박물관처럼 세월의 흔적이 묻어나는 공간이 나왔다. 아주 오래전 실제 양조공간으로 사용된 공간을 새롭게 꾸며놓은 것으로 보인다. 참고로 이 양조장은 1564년 브뤼헤 시에 등록이 되었다는 기록이 남아있을 정도로 오래된 곳. 또다시 좁은 계단을 오르면 투어의 하이라이트인 옥상이 나온다. 별도의 전망대를 갈 필요가 없을 정도로 가슴이 탁 트이는 멋진 풍경이었다. 역사가 숨 쉬는 브뤼헤의 멋진 풍경과 양조장에서 흘러나오는 맥아의 향기를 함께 느끼고 있으니 더 할 나위 없는 행복감이 느껴졌다.

옥상을 내려온 뒤, 과거 맥주를 만들던 모습을 형상화해 놓은 볼거리들을 마지막으로 투어가 끝난다. 레스토랑에 가서 티켓을 반납

옥상에서 마주한 브뤼헤의 풍경

🚩 **Tip Box**

드 할브만 양조장에서 주목해야 할 것이 있다. 최근 3.2km에 달하는 양조장과 보틀링 공장 사이를 지하 파이프로 연결해 맥주를 보내고 있는 것이다. 혁신적인 행보를 보이고 있는 드 할브만 양조장의 향후 발전이 기대된다.

하니 조트 블론드를 한잔 받을 수 있었다. 이번엔 야외에 앉아 느긋하게 브뤼헤의 인기 맥주 조트를 마시며 감동적인 드 할브만 양조장 투어를 마감했다.

🍺 **드 할브만**

주소 Walplein 26, 8000 Brugge
영업시간(레스토랑) 일~수 : 11:00~18:00 목~토 : 11:00~22:00
(요리 가능 시간 : 12:00~15:30)
홈페이지 www.halvemaan.be
※브루어리 투어 : 매일 11~16시 정각마다(토요일은 17시도 가능, 토요일 14:15에는 특별코스인 XL투어 있음) 날짜마다 가능한 투어시간 다를 수 있으므로 홈페이지(www.halvemaan.be/en/brewery-visit) 확인 필요

't Brugs Beertje
_ 브룩스 베어트예

브뤼헤에 도착한 날은 2주간의 여행 중 절반을 넘긴 시점. 입을 수 있는 옷이 거의 다 떨어져 버렸다. 결국 드 할브만 양조장 방문을 마치고 숙소에 온 뒤, 빨래를 잔뜩 들고 동네의 빨래방으로 향했다. 한 푼이라도 아끼기 위해 작은 사이즈의 세탁기에 빨래들을 겨우 집어넣고 숙소로 돌아와 숨을 돌리는 것도 잠시, 다시 빨래방으로 이동하여 건조기를 돌려야 했다. 그렇게 세탁을 마치고 숙소에 들어와 짐을 마저 정리하고 침대에 눕고 나니 금세 날이 어두워져 있었다.

　브뤼헤에서 방문하려는 펍은 총 세 곳. 부지런히 돌아다녀야 모두 방문할 수 있을 것 같아 나설 준비를 하는데, 아내의 피로가 많이 쌓인 모양이다. 일주일 넘게 매일같이 수많은 맥주를 마시며 도시 산책을 하고, 거기에 아침 일찍 빼먹지 않고 조깅을 하였으니 지칠만도 했다. 결국 오늘 하루 아내는 숙소에서 휴식을 취하기로 하고 홀로 브뤼헤 시내로 나서 보았다.

숙소에서 나온지 얼마 안돼서 도착한 브뤼헤의 중심지, 마르크트 광장. 아직 땅거미가 완전히 지기 전, 광장에서 보이는 브뤼헤의 종탑이 무척 멋스러워 이곳에서 맥주 포스터를 촬영하면 기가 막힐 것 같았다.

마르크트 광장을 지나 도착한 첫 번째 목적지는 바로 브룩스 베어트예't brugs Beertje. Brugs는 '브뤼헤', Beertje는 '어린 곰'이라는 뜻으로서, '브뤼헤의 어린 곰'이라는 의미를 가진 곳이다.

이곳은 레이트비어에서 99점을 얻은 브뤼헤 1등 펍인 만큼 많은 기대감을 안고 매장으로 들어섰다. 매장이 있는 건물은 1632년 지어진 건물이라고 하는데, 오래된 만큼 고풍스러운 분위기가 느껴졌다.

그리 크지 않은 가게에는 오밀조밀 여러 개의 테이블이 있었고, 전면에 유리잔으로 가득한 바 앞에 자리를 잡았다. 이곳의 생맥주는 총 5가지로, 생맥주 목록

어린 곰과는 조금 거리가
있었던 브룩스 베어트예 로고

1 400년이 되어가는 브룩스 베어트예의 건물
2 전용잔이 가득한 바의 모습, 한켠에는 각 나라별 지폐가 붙어있다

오늘의 생맥주 목록

은 정기적으로 바뀌며, 병맥주는 약 300가지 정도를 갖추고 있다.

홉으로 유명한 포페린게 지역의 양조장 드 플루커De Plukker에서 생산하는 생맥주 루콥Rookop을 골랐다. 어두운 갈색을 띠고 캐러멜향이 느껴졌으며 효모의 맛이 났는데 특별히 인상적인 점은 없었다.

일주일 동안 늘 아내와 다녀서 그랬을까, 아니면 가게 분위기가 너무 조용해서였을까, 바에 있던 직원이 자리를 비워 나 혼자 남은 것이 멋쩍어서였을까. 왠지 모를 적막한 분위기에 슬그머니 자리를 일어나고 말았다.

객관적으로 본다면 분위기도, 맥주의 라인업도 평균 이상인 곳임에는 틀림없었지만, 이날의 방문은 나에게 아쉬움이 많이 남는다. 하지만 이곳은 벨기에의 브뤼헤가 아닌가. 기대감을 채워줄 다음 목적지가 줄지어 기다리고 있었다.

🍺 브룩스 베어트예
주소 Kemelstraat 5, 8000 Brugge
영업시간 일,월,목 16:00~24:00 금,토 16:00~01:00 휴무: 화, 수
홈페이지 www.brugsbeertje.be

Café Rose Res

_ 카페 로즈 레드

브룩스 베어트예에서의 아쉬움을 털어내고 방문한 펍, 카페 로즈 레드_{Cafe Rose Red}. 호텔로 운영되고 있는 건물 1층에 위치한 이곳은 가게 이름처럼 장미가 가득한 곳이었다.

입구에서부터 빨간색의 장미 기운이 느껴졌는데, 가게 내부로 들어가니 천장에 장미꽃이 주렁주렁 걸려 있었다. 언뜻 보면 다소 촌스러워 보이기도 하지만, 테이블에 앉아 맥주를 마시며 올려다보면 나도 모르게 장미의 매력에 빠져들게 된다.

장미빛으로 입구부터 화사함이
느껴지는 로즈 레드

　이전 펍과 달리 손님들이 많아 적막하지 않았고, 친절한 직원의 안내 덕분에 혼자서도 적적하지 않게 분위기에 젖어들 수 있었다.

　예쁜 장미꽃이 그려진 메뉴판을 펼치니 약 150가지의 병맥주 목록이 나왔다. 거의 모든 종류의 트라피스트는 물론, 수많은 종류의 람빅맥주, 그리고 한정판 맥주까지 상당히 훌륭한 라인업이었다.

　이번에도 나의 관심을 먼저 끄는 생맥주는 총 7가지였으며, 그중 4가지를 테이스팅 세트로 맛 볼 수 있었다. 특히 다크초콜렛과 커피 맛이 어우러진 해비 포터Heavy Porter, 귤과 포도향이 조화로웠던 마스터 IPAMaster IPA가 입맛에 맞았고, 무엇보다 한 번에 다양한 맥주를 맛볼 수 있다는 것이 즐거웠다. 함께 주문했던 조각 소시지Portie Worstjes와의 궁합도 꽤나 훌륭했다.

　맥주를 마시던 중 희소식이 날아왔다. 숙소에서 휴식을 취하며 몸 상태가 회복된 아내가 이곳으로 오겠다는 것이다. 서프라이즈를 위해 이곳을 장미로 꾸며놨다는 낭만적인 이야기를 해주고 싶었지만 혼자서 너무 많이 마신 것 아니냐는 꾸중을 들을 것 같아 조용히 다음 생맥주를 주문하였다.

아담한 트레이에
알록달록한 4가지
맥주가 담겨있는
테이스팅 세트

앞에서도 소개한 세계적인 양조장 스트루이스의 대표맥주 패넷포트Pannepot.
패넷포트를 이렇게 생맥주로 마실 수 있다니 감격스러운 순간이었다. 커피 같
은 진한 향과 달콤한 캐러멜과 무화과의 맛이 나며 진득하면서도 부드러운 질
감을 가지고 있어서 기분 좋은 피니시를 선사한다. 10% 도수라는 것이 놀라울
만큼 쓴맛도 강하지 않았다.

이어서 나온 로제 드 감브리너스Rose de gambrinus는 칸티용의 기본 라인업으로서
라즈베리를 넣어 만든 람빅인데, 붉은 색상 때문인지 '감브리너스의 장미'라는
뜻을 가지고 있다. 장미꽃이 가득한 이곳에서 장미라는 이름을 가진 맥주를 마
시게 되다니 이보다 진한 어울림이 있을까. 두 가지 맥주를 맛있게 비운 아내와
나는 오늘의 마지막 목적지를 가기 위해 자리에서 일어났다. 매혹적인 분위기
와 인테리어, 훌륭한 생맥주의 라인업과 친절한 직원까지, 어느 것 하나 아쉬움
이 없었던 카페 로즈 레드였다.

🍺 카페 로즈 레드
주소 Cordoeaniersstraat 16, 8000 Brugge
영업시간 월,수,목,일 : 11:00~24:30 금,토 : 11:00~01:30 휴무 : 화
홈페이지 www.cordoeanier.be/en/rosered.php

Cambrinus

_ 캄브리누스

유럽에는 감브리너스Gambrinus라는 맥주 왕King of Beer의 전설이 내려온다. 검 대신 맥주잔을 들고 있는 친근한 왕이니 만큼 맥주 브랜드에 많이 사용되는데, 체코에는 동명의 인기 맥주가 있고, 여러 맥주의 캐릭터로 등장하기도 한다. 이날의 마지막 목적지 캄브리누스(Cambrinus. 감브리너스 왕의 첫글자를 의도적으로 G에서 C로 바꾼 것인지는 모르겠으나)는 카페 로즈 레드와 매우 가깝기 때문에 걸어서 금세 도착할 수 있었다.

전설의 맥주왕 감브리너스

캄브리누스는 맥주보다 음식으로 더욱 유명한 레스토랑이어서 마침 저녁식사를 겸할 곳이 필요했던 아내와 나에게 안성맞춤이었다. 늦은 시간임에도 레스토랑 안에는 손님들이 꽤 있었고, 맥주를 마시다 잠들어버린 감브리너스 왕의 그림 등 친근하게 꾸며진 인테리어가 기분을 편안하게 했다.

자리에 앉아 주문을 하려는데, 400여 가지의 병맥주에 일일이 설명을 달아놓은 두꺼운 메뉴판을 보고 놀라지 않을 수 없었다.

그러나 마트에서 구할 수 있는 병맥주의 경우 정말 특별한 것이 아니라면 집에서 편하게 마시는 걸 선호하기에 당연히 이번에도 생맥주를 주문하였다. 마침 4가지 맥주가 나오는 테이스팅 세트가 있어서 고민 없이 선택할 수 있었다.

1 4가지 맥주가 나오는 테이스팅 세트
2 쫄깃한 식감이 인상적인 토끼 요리

귀여운 꼬마 잔에 담긴 맥주는 제법 양이 많았는데, 홀짝홀짝 마시다 보니 어느새 취기가 올라서 인지 이름을 일일이 기억하지 못하였지만 가벼우면서 입맛을 돋우는 역할을 톡톡히 했다.

이어서 기다리던 음식이 나왔다. 치즈와 고기가 풍성하게 들어있는 볼로네즈 파스타와 맥주를 넣어 만든 토끼고기였다. 유럽에서는 토끼가 흔한 식재료지만, 우리에게는 생소한 음식이니만큼 호기심을 당겼는데, 먹어보니 닭고기와 비슷했다. 의외로 퍽퍽한 감이 덜하고 육질이 쫄깃해 거부감 없이 맛있게 먹을 수 있었다.

맛있는 음식을 먹다 보면 당연히 맥주가 부족하기 마련. 하우스비어인 캄브리누스의 자체맥주 2종인 브륀Bruin과 블론드Blond. 특정 브루어리에 위탁하여 만든 맥주로서 특별한 인상은 주지 않았지만, 감브리너스를 상징하는 맥주를 마신다는 사실이 마치 내가 잠시 맥주의 왕이 된 것만 같은 기분을 느끼게해주었다.

어느덧 시간이 많이 지나 라스트 오더를 받는 때가 되었다. 마지막으로 선택한 맥주는 바로 꼬르누Corne: 프랑스어로 뿔이라는 뜻. 맛 자체에 대한 궁금증 보다 특이한 잔의 모양에 이끌렸던 맥주다. 파우

뿔모양의 꼬르누 전용잔

웰 콱과 함께 '잔이 더 유명한 맥주'로 알려져 있다. 라벨에는 교수형에 처한 그림이 그려져 있는데, 수백 년 전 100명의 사람들이 교수형에 처한 비극적인 사건을 기리기 위한 것이라고 한다.

10% 도수의 트리펠 타입의 맥주로 쓰게 느껴지는 향이 강했지만 이미 나에겐 맥주 맛은 크게 중요하지 않았다. 소중한 사람과 함께 하는 맛있는 음식, 즐거운 분위기와 재미를 더해주는 전용잔까지 갖춰져 있으니, 이제 맥주는 거들 뿐이었다.

캄브리누스

주소 Philipstockstraat 19, 8000 Brugge

영업시간 월~금: 11:00~23:00 토~일: 11:00~24:00

홈페이지 www.cambrinus.eu/default.htm

브뤼헤 러닝 다이어리

문화유산의 도시답게 시내 어느 곳을 달려도 작품이 되는 곳. 광장을 한 바퀴 돌고 성당을 지나 수녀원에 다다르니 멋진 러닝 작품들이 완성된다.
무작정 낯선 동네를 누볐던 기억, 아침 일찍 뛰놀며 상쾌한 공기를 마실 수 있었던 추억 하나하나가 떠오르며 확실히 기분이 나아졌다.

브뤼헤 투어 리스트

📷 볼거리

마르크트 광장 Markt

브뤼헤의 중심이 되는 광장으로서 조각상을 비롯하여 궁, 종루, 길드 하우스 등 다양한 건축물들로 둘러싸여 있다.

브뤼헤의 종루 Belfort van Brugge

브뤼헤의 랜드마크로서 윗부분이 팔각형인 것이 특징이며, 366개의 계단을 통해 정상까지 이를 수 있다.

성혈예배당 Basiliek van het Heilig Bloed

'성스러운 피의 교회'라고도 불리며 십자군전쟁에 참가한 플랑드르 백작 브랜들리가 예루살렘에서 가져온 예수의 성혈(聖血)을 모신 예배당으로 유명하다.

성모마리아 교회 Onze Lieve Vrouwekerk

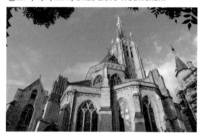

122m의 벽돌 첨탑이 높이 솟아 있는 이곳은 교회 박물관으로서의 사용되고 있다. 내부에는 각종 종교화와 조각 등 다양한 작품들로 가득하다.

베긴회 수녀원 Begijnhof

13세기 세워진 여성들의 수도원으로서, 베긴회는 다른 수도회와 달리 규율이 엄격하지 않았다. 고유한 스타일로 건축된 교회, 부속 건물, 녹지 공간 등을 볼 수 있다.

🍺 맥주 산책 추천

스트루이스 비어샵 Struise Beershop

성혈예배당 바로 옆에 위치한 비어샵. 세계 최고의 양조장으로 꼽히는 스트루이스 브루어리의 출장 매장 정도 되는 곳이다(양조장은 포페린게에 위치). 약 3가지의 생맥주와 10가지 이상의 병맥주를 취급하고 있는데, 목·금·토요일만 영업을 하고 있으니 날짜가 맞는다면 필히 방문할만한 곳이다.

르 트라피스트 Le Trappiste

2013년에 문을 연 뒤, 빠르게 인기를 얻으며 이미 브룩스 베어트, 카페 로즈 레드와 함께 브리헤 3대 펍으로 자리 잡았다. 약 18가지의 생맥주와 120가지 이상의 병맥주를 취급하고 있으며, 자체 레시피로 양조한 하우스 맥주도 보유하고 있다. 지하에 위치한 펍의 아치형 문들의 인테리어가 상당히 인상적이다.

부르고뉴 데 플랜더스 Bourgogne des Flandres

멋진 운하가 보이는 풍경에서 맥주를 마실 수 있는 운치와 양조장 투어코스까지 제공하고 있는 곳이다.

플랜더스는 벨기에의 북부지역을 의미하는데, 데 플랜더스는 브리헤의 종루를 로고로 사용하고 있다. 이곳의 맥주는 플랜더스의 맥주 스타일 중 하나인 브라운 에일에 람빅을 섞은 뒤, 오크통에 숙성시켜 만드는 독특한 맥주다. 람빅에 비해 달콤함과 오크통에서 베인 묵직한 맛을 느낄 수 있다.

포페린게 Poperinge

포페린게는 프랑스 국경과 맞닿은 외곽의 작은 지역이지만 벨기에의 대표적인 홉 생산지로서 세계적인 양조장들이 위치하고 있다. 세인트 버나두스St. Bernadus 브루어리를 비롯, 홈멜비어Hommerbier로 유명한 밴 에크Van Eecke 등 다섯 곳 이상의 브루어리가 있다. 또한 포페린게와 바로 인접한 지역인 블레테렌Vleteren에는 세계 최고의 맥주라 불리는 베스트 블레테렌을 만드는 식스투스sint·Sixtus 수도원, 그리고 벨기에 최고의 브루어리로 손꼽히는 스트루이스Struise도 자리하고 있다.

벨기에 대표 홉 생산지답게 홉 박물관까지 운영되고 있다. 박물관에는 홉의 역사, 경작, 수확, 가공 등에 관한 볼거리로 가득하며 약 1900개에 달하는 벨기에 맥주 컬렉션도 구경할 수 있다.

또한 매년 10월 말에는 이틀에 걸쳐 맥주 축제가 열린다. 20여 곳 이상의 브루어리가 참가하고 약 100가지의 맥주를 경험할 수 있는 페스티벌로서 유럽의 여러 나라에서 2500여 명이 참가하는 작지만 알찬 축제이다.

진정한 벨기에 맥주 마니아라면 벨기에 4대 도시 이외에 꼭 챙겨봐야 할 작은 도시, 포페린게를 기억하자.

1 2018 포페린게 맥주 축제
2 세인트버나두스 브루어리 근처의 홉 농장

산 책 로 쉼 터

스트루이스 브루어리

벨기에

시스투스 수도원

포페린게

버나두스 브루어리

프랑스

홉박물관
주소 Gasthuisstraat 71F B - 8970 Poperinge
홈페이지 www.hopmuseum.be (화~일 : 10:00~18:00 휴무 월)

포페린게 맥주 축제
Maeke - Blydezaal 이벤트홀, 2018년 10월27일~28일
홈페이지 www.poperingebierfestival.be

Course.8

벨기에 비밀 산책로

Belgium

St. Bernardus & Struise
_ 세인트 버나두스와 스트루이스

세계 최고의 맥주라 불리는 베스트블레테렌의 오리지널 양조법과 레시피, 노하우 등을 그대로 간직하고 있는 곳이 존재한다면? 포페린게의 작은 마을 와토우 Watou 에 위치한 세인트 버나두스 브루어리에는 이와 얽힌 흥미로운 역사가 있다.

1900년대 초, 반기독교 정책으로 프랑스 몽데캇의 수도승들이 와토우 지역으로 피난을 왔고, 수도원 경영을 위해 치즈를 생산하였다. 이후 몽데캇의 종교역할은 다시 프랑스로 돌아갔는데, 치즈공장은 그대로 남아 드 코닉 Evarist Deconinck 이라는 사람에게 인수되었다. 마침 근처 식스투스 수도원에서 대중에게 판매할 용도로 맥주를 만들어줄 곳을 찾고 있었고, 낙점된 곳이 바로 이 치즈공장이었다. 식스투스 맥주의 라이선스뿐만 아니라 모든 레시피를 몽땅 전수받으며 버

예복과 모자가 있었던 기존 라벨과 벗겨진 이후 라벨

나두스 브루어리_{Brewery St.Bernardus}가 설립된 것이다.

버나두스 브루어리는 라이선스가 종료되는 1992년까지 약 46년간 식스투스라는 브랜드로 맥주를 만들었다. 이후 트라피스트 협회의 규칙에 따라 더 이상 식스투스라는 브랜드를 쓸 수 없게 되자, 라벨에 그려진 수도승의 예복과 모자까지도 벗어야만 했다.

여기에는 반전이 있는데, 버나두스 브루어리는 식스투스 수도원에서 전수받은 효모를 여전히 사용하고 있는 반면, 식스투스의 베스트블레테렌은 베스트말레의 효모를 사용하고 있다는 것이다.

즉 '진짜 베스트블레테렌 맥주'는 버나두스에서 만들고 있다고도 볼 수 있다. 그래서 최상급 스타일로 분류되는 쿼드루펠 타입인 베스트블레테렌12와 버나두스 앱12를 비교 시음하는 것은 맥주 마니아들에게 흥미로운 체험 코스가 되었다.

버나두스 맥주의 특징은 여러 스타일의 맥주를 출시하고 있고, 매년 시즈널 한정판도 나온다는 점이다. 맥주에 붙은 이름의 의미를 알면 재미있는데, 6% 도수의 듀벨스타일인 Pater6에서 'Pater'는 수도승을, 8%의 듀벨스타일인 Prior8의 'Prior'는 수도원 부원장을, 10.5%의 쿼드루펠 스타일인 Abt12에서 'Abt'는 Abbot의 줄임말로 수도원장을 의미한다. 참고로 브루어리의 이름인 성 버나두스는 트라피스트의 전신인 시토회를 발전시킨 성인의 이름이다.

1 상점에서 구입할 수 있는 한정판 맥주들
2 블랙 댐네이션 시리즈

이렇게 다양한 이야기를 가지고 있는 버나두스 맥주는 국내에서도 꽤나 인기가 많으며, 도쿄에는 '버나두스 바'가 있을 정도로 세계 각지에서 사랑받고 있다.

내가 방문한 이날은 아쉽게도 상점만 둘러보는 것이 전부였다. 투어의 경우 단체 예약이 필요해서 운 좋게 다른 단체 투어 일정에 끼는 것이 아니라면 참가하기가 어렵기 때문이다. 또한 가장 아쉬웠던 것은, 레스토랑이 들어설 새로운 건물이 방문 당시 공사 중이었다는 점이다. 직원의 이야기로는 2018년 말에 완공된다고 하니 이후 방문하는 독자라면 근사한 레스토랑에서 버나두스 생맥주를 마실 수 있으리라. 상점에는 구하기 힘든 시즈널 한정판 맥주와 다양한 기념품들을 판매하고 있었는데, 뚱뚱해져만 가는 캐리어 사정 상 꾹 참으며 병따개와 자석 등 작은 소품들을 구매하는 것으로 만족하고 다음 목적지로 이동했다.

포페린게에는 버나두스 외에도 꼭 방문해 봐야 할 브루어리가 있는데, 바로 명품 브루어리라 불리는 스트루이스이다.

매년 세계 최고의 브루어리로 꼽힐 정도로 훌륭한 평가를 받고 있는 이곳은 설립자가 원래 타조농장을 운영했다. 그래서 타조를 의미하는 방언을 따서 브루어리 이름을 지었다고 한다.

2001년에 문을 열어 벨기에의 다른 브루어리에 비

해 역사가 짧지만, 이곳에서 생산된 패넷포트는 맥주 평가 사이트에서 모두 최상위권을 차지할 정도로 실력 있는 곳이다.

기본 재료 역할을 하는 패넷포트를 프랑스산 오크 배럴에 14개월 숙성한 패넷포트 리저브Pannepot Reserva와 패넷포트 리저브를 다시 10개월 이상 칼바도스 오크 배럴(사과 브랜디를 만드는 나무 통)에 숙성한 패넷포트 그랑 리저브Pannepot Grand Reserva가 매우 좋은 평가를 얻고 있다. 또한 검은 저주를 의미하는 블랙 댐네이션 Black Damnation 시리즈가 있는데, 그중에는 놀랍게도 도수가 39%인 맥주도 있다. (최근 블랙 댐네이션이 국내에도 수입이 되고 있으며 가격은 한 병에 약 20만 원 선)

이 외에도 10가지가 넘는 시리즈를 보유하고 있으니 그야말로 최고 수준의 브루어리의 면모를 보여주고 있다.

양조장 한켠에는 약 30여 가지의 생맥주를 마실 수 있는 공간이 마련되어있다. 다만 토요일 14~18시에만 오픈을 하기 때문에, 여행 일정이 맞지 않는 이상 방문하기는 쉽지 않아 보인다. 만일 토요일에 포페린게에 방문하는 일정이라면, 반드시 이곳을 방문하길 바란다. 또한 브뤼헤에는 성혈예배당 옆에 스트루이스의 출장 매장 비어샵이 있는데, 목, 금, 토 12~18시에 문을 연다. 이 날짜에 맞춰 브뤼헤에 방문한다면, 스트루이스 비어샵에 가서 생맥주를 맛보고 스트루이스의 다양한 맥주를 구경해보는 건 어떨까.

세인트 버나두스
주소 Trappistenweg 23, 8978 Watou
영업시간(상점) 월~목: 08:30~12:00. 13:30~16:30 금: 08:30~12:00
휴무 토,일
영업시간(레스토랑) 방문 당시 공사 중
홈페이지 www.sintbernardus.be
※브루어리 투어: 이메일 (visit@sintbernardus.be) 문의

스트루이스
주소 Kasteelstraat 50, 8640 Vleteren
영업시간 토요일 14:00~18:00
홈페이지 struise.com

Brasserie Dupont
_ 듀퐁 브루어리

황금처럼 밝은 빛깔과 과일, 허브향이 더해져 개운하면
서도 효모 특유의 알싸한 풍미가 느껴지는 맥주, 바로 세
종Saison 이다. 최근 한국에서도 인기를 끌며 여러 브루어
리에서 출시를 하고 있는데, 그 기원은 벨기에 남부 왈롱
wallon 지역에서 농부들이 여름철 밭일을 할 때 새참처럼
마시는 맥주이다. 우리의 막걸리와 같이 고된 노동 중에
힘을 낼 수 있도록 마시는 용도인 셈이다. 벨기에 남부지
역에서는 프랑스어를 사용하기 때문에 계절Season 을 의미

세종 듀퐁

하는 세종Saison 이라는 이름이 붙게 되었다. 또한 농가에서 만들어졌다는 의미로
팜하우스 에일Farmhouse Ale 이라고도 불린다.

세종은 원래 농가마다 자신들의 노하우대로 만들었기 때문에 명확히 어떤
맥주라고 정의할 수는 없었지만, 상업적으로도 인기를 끌게 되면서 점차 하
나의 스타일로 자리 잡게 되었다. 과거의 세종은 일꾼들이 취하지 않으면서 활
력을 얻을 수 있는 3% 정도의 낮은 도수였지만, 현재는 대부분 5~8% 정도이
다.

세종의 인기 확산을 주도하고, 세종을 논할 때 대표적으로 거론되는 곳이 바
로 듀퐁 브루어리이다. 본래는 농장이었지만 1844년 양조장을 겸하게 되면
서 맥주를 생산하기 시작했는데, 물론 이 당시에는 밭에서 일하는 농부들을 위

세종 스타일은 이러한 목가적인 분위기에서 시작되지 않았을까

한 세종이었다. 우리나라에서 수백년 전부터 마시던 누룩을 빚어 만든 술과 유사한 느낌을 가지고 있지 않았을까. 1920년 농업학자였던 루이스 듀퐁이 세종의 제조법을 연구하면서 오늘날 세종 듀퐁Saison Dupont의 기준이 마련되었고, 이후 가족 및 친척들과 함께 다양한 연구를 거치며 현재 4대째에 이르고 있다. 1980년대에는 미국 수입업자로 인해 세계적으로 인기를 얻기 시작하였으며, 특히 2000년대에 들어서는 생산량이 크게 증가해 최근 생산 시설을 확장하였다.

포페린게에서 시메이로 이동하는 날, 시골길을 운전하여 두 도시의 중간쯤에 위치한 듀퐁 브루어리에 방문하였다. 여행을 준비하면서 이곳에 대한 정보를 찾기가 어려웠고 홈페이지도 제대로 설명돼있지 않아 방문해야 하는지 고민이 되었다(현재는 홈페이지가 리뉴얼되어 투어에 대한 안내를 찾을 수 있다). 그러나

750ml 한 병이 약 4000원 정도로 판매되고 있었던 본뵈

결과적으로 듀퐁 브루어리 방문을 결정했던 것은 굿초이스였다.

도착하자마자 빨간 벽돌로 지어진 외관과 커다란 맥주 간판, 건물만큼 높게 쌓여있는 맥주 박스들을 보니 왠지 모를 웅장함이 느껴졌다. 외관을 둘러본 뒤, 상점 안내 표지판을 따라 입장했다. 티셔츠, 전용잔, 오프너 등 기념품을 비롯해 듀퐁 브루어리에서 생산하는 다양한 종류의 맥주들이 손님을 기다리고 있었다. 대표 맥주인 세종 듀퐁을 비롯, 농장 양조장답게 유기농 맥주들도 눈에 띄었다. 그리고 구미를 특히 당기는 물건이 있었으니, 바로 본 뵈Bons Voeux 다.

트리펠 타입인 본 뵈는 여행 전 한국에서도 접한 경험이 있었는데, 트리펠 타입 중 최고의 맥주인 트리펠 카르멜리엇에 비견될 정도로 훌륭한 맛으로 기억에 남아 있었다. 한국에 비해 무려 1/4 가격으로 반겨주는 맥주들이 눈앞에 가득했지만, 조금 비싸더라도 한국에 돌아가 마시기로 하고 기념 삼아 오프너 하나만 구입하였다.

직원은 브루어리에 따로 마련된 시음 공간은 없고 마을 쪽의 레스토랑에서 듀퐁 브루어리의 맥주를 마실 수 있다고 알려주었다.

안내받은 레스토랑을 향해 걷다 보니 쿰쿰한 냄새가 스멀스멀 올라왔는데, 그 이유는 양조장 건물 옆 길가에 맥아 찌꺼기들이 가득 쌓여있기 때문이었다. 작업을 하고 정리를 아직 안 한 것인지, 일부러 맥주가 생각나게끔 유도한 것인 지는 모르겠지만 구수하고 정겨운 냄새가 싫지만은 않았다.

금세 도착한 레스토랑의 이름은 라 포지La Forge.

레스토랑 안에는 동네 나이 지긋한 분들로 가득했고 마치 한적한 시골 동네 의 마을회관 같은 분위기를 이루고 있었다. 직원 역시 나이가 지긋한 할머니셨 다. 바에는 듀퐁 맥주의 탭 핸들이 반짝이며 나를 유혹하고 있었지만 전날 이미 과음을 한데다 아직 한낮이기 때문에 2잔만 주문하였다.

할머니가 가져다준 맥주는 세종 듀퐁과 모네트 블론드Moinette Blonde. 밝은 황금색 을 띤 모네트 블론드는 한국의 마트에서 본 적은 있었는데, 한 모금을 마시고 깜 짝 놀라고 말았다. 8.5%라는 것이 믿기지 않을 정도로 피니시가 좋고 깔끔했으며, 효모에서 느껴지는 알싸한 향이 은은하게 퍼지면서 입안을 가득 채워주었다. 역시 현장에서 마시는 맥주는 다르다는 만족감이 밀려올 정도로 훌륭했다.

마시고 싶은 맥주는 훨씬 많았지만 이 정도로 마무리한 뒤 펍을 나왔다. 아내에게 운전을 부탁하고 혼자 맥주를 즐긴 것에 대한 벌이었을까. 1시간이 넘게 걸리는 시메이로 가는 동안 중간에 들릴만한 마트 하나 보이지 않아 소변을 참느라 크게 고생을 하고야 말았다(나무가 무성한 덤불이 보였지만 유럽까지 와서 노상방뇨를 하고 싶지는 않았기에). 짧은 구경을 하고 맥주도 많이 마시지 못했지만, 오래도록 구수한 기억으로 남을 듀퐁 브루어리였다.

 듀퐁
주소 Rue Basse 5, 7904 Leuze - en - Hainaut
영업시간 월~토 : 09:00~18:00 휴무일
홈페이지 www.brasserie - dupont.com
※브루어리 투어: 1달에 하루 3회. 홈페이지 (www.brasserie-dupont.com/
en/visitez-notre-brasserie) 사전예약

자유의 도시에서 펍투어를 즐겨보자!
암스테르담

Amsterdam

암스테르담

네덜란드의 수도이자 유럽의 허브. 개방적인 유럽 도시들 중에서도 가장 개방적이라는 암스테르담. 전 세계 170개국의 사람들로 이루어져 다양한 문화가 넘치는 도시이다. 여러 개의 운하로 둘러싸인 부채꼴 모양의 도시로, 크고 작은 운하가 사방으로 뻗어 있어 장관을 이룬다. 네덜란드의 크래프트 맥주가 가장 발달한 암스테르담에서 다이내믹한 맥주 체험을 만끽해 보자!

I amsterdam사인과 국립박물관(위) 운하너머로 보이는 암스테르담 센트랄역(아래)

🍾 맥주 산책로

1. 하이네켄 체험관 - 전 세계 맥주시장의 절대강자 하이네켄을 즐길 수 있는 체험관

2. 프루플로칼 아렌츠네스트 - 오직 네덜란드의 맥주들로 구비된 암스테르담의 1등 펍

3. 비어 템플 - 네덜란드 맥주를 비롯, 다양한 미국 맥주들을 판매하는 활기 넘치는 곳

4. 코즈 비어 러버스 푸드 - 맛있는 요리와 함께 맥주를 마실 수 있는 곳

5. 크래프트 & 드래프트 - 세련된 인테리어와 40여 가지의 생맥주가 매력적인 곳

6. 비어 프루플로칼 인드 빌드먼 - 고풍스러운 분위기를 흠뻑 취하며 맥주를 마실 수 있는 곳

7. 드 비어코닝 - 맥주 왕국이라는 이름을 지닌 암스테르담 최고의 바틀샵

암스테르담 맥주 산책로

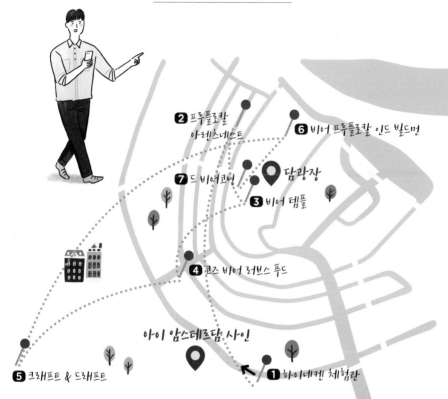

2 프루플로칼 아렌츠네스트

6 비어 프루플로칼 인드 빌드먼

7 드 비어코닝

담광장

3 비어 템플

4 코즈 비어 러브스 푸드

아이 암스테르담 사인

5 크래프트 & 드래프트

1 하이네켄 체험관

하이네켄 체험관 ➔ 프루플로칼 아렌츠네스트 ➔ 비어 템플
➔ 코즈 비어 러브스 푸드 ➔ 크래프트 & 드래프트
➔ 비어 프루플로칼 인드 빌드먼 ➔ 드 비어코닝

Heineken Experience
_하이네켄 체험관

세계적인 맥주이자 우리나라 사람들에게도 친숙한 네덜란드의 대표 맥주 하이네켄. 암스테르담 시내 한복판에는 하이네켄을 제대로 만날 수 있는 체험관이 있다. 1988년까지 실제 양조장이었던 이곳은 현재 암스테르담에서 가장 인기 있는 관광명소가 되었다. 라트라페 맥주를 마셨던 틸부르흐의 숙소에서 암스테르담으로 이동하는 날 아침, 핸드폰으로 하이네켄 홈페이지에 접속하여 체험관 티켓을 미리 구입했다.

아침에 늑장을 부리는 바람에 암스테르담 시내의 주차타워가 아닌 체험관 내 주차장으로 바로 이동할 수밖에 없었다. 가까스로 입장시간에 맞춰 체험관 입구에 도착했지만 수백 명의 관람객들이 줄을 선채로 인도를 점령하고 있었다.

사람이 너무 많아 조마조마했지만, 다행히 긴 줄과 상관없이 입구로 가서 핸드폰의 QR코드 티켓을 보여주니 바로 입장할 수 있었다. 안도의 한숨을 내쉬면

직접 조작해볼 수 있는 양조 시설

서 내부로 들어서니 작은 토큰 2개가 달린 귀여운 팔찌를 채워줬다.

체험관에는 하이네켄과 관련된 것이라면 모든 것이 전시돼있다고 할 수 있었다. 과거 사용했던 각종 기구부터 맥주의 로고와 포스터, 전용잔 등 하이네켄의 역사를 따라갈 수 있었으며 곳곳에 영상이 상영되거나, 가이드의 설명이 진행되기도 했다.

그리고 양조장으로 사용되었던 공간에는 당시의 사용 흔적이 남은 설비들이 고스란히 남아있었다. 현재는 작동되고 있지는 않지만, 손잡이를 돌려보거나 기구를 조작해 보는 체험도 가능했다.

그런데 양조 공간을 빠져나오니 고약한 냄새가 코를 찔렀다. 그곳은 현재에도 말을 키우고 있는 마구간이었다. 과거에는 마차를 이용해서 맥주 담은 통을 운반을 했기에 맥주에 있어서도 말은 대단히 중요한 운송수단이었다고 한다.

직원이 수십 잔의 맥주를 관람객들에게 건네며 다 함께 건배를 제안했다. 마구간에 마련된 즉석 맥주파티. 사람들이 삼삼오오 모여 자유롭게 맥주를 마실 수 있었지만, 아쉽게도 말 지린내가 심했기에 슬금슬금 다음 체험관으로 이동했다.

자전거 노래방과 맥주를 따르는 기계

　다음으로 병맥주에 이름을 새길 수 있는 흥미로운 공간이 이어졌다. 6.5유로
의 저렴한 가격은 아니었지만, 기념품 구매 겸 체험 삼아 해 볼만했다. 이름을
입력하면 눈앞에서 기계로 새겨지고 이동되는 과정을 볼 수 있다(이름을 새긴 맥
주는 관람 후 상점에서 받을 수 있다). 이어서 도착한 곳은 마치 클럽처럼 화려한 조
명으로 흥이 넘치는 놀이 공간. 자전거를 타며 노래를 부르는 게임, 가상으로 맥
주를 따르는 기계, 축구 게임 등 실내 놀이공원을 방불케했다. 직접 체험해 보는
것도 즐겁지만, 어른들이 이곳에서 아이들처럼 신나게 노는 것을 보는 것도 큰

재미였다.

　드디어 체험관의 종착지인 시음공간에 도착. 입장할 때 받았던 토큰 하나를 주면 맥주를 한 잔 받을 수 있다. 직원들은 맥주를 쉴 새 없이 따라주고 관람객들 역시 빛의 속도로 맥주를 집어 들었다. 하이네켄은 상대적으로 맛이 밋밋한 페일라거 스타일임에도 구수함과 쌉쌀함이 멋진 균형을 이루고 있는데, 바로 이 점 때문에 전 세계인들의 사랑을 받고 있는 것이 아닐까 생각이 들었다.

　토큰의 용도는 하나가 더 있었다. 자신이 직접 하이네켄 맥주를 따라보는 체험이다. 하이네켄 전용잔의 빨간 별모양까지 거품이 생기도록 따르는 것이 관건인데, 가장 잘 따르는 사람에게는 선물이 주어졌다. 왠지 거품어 넘쳐흐르도록 따를 것만 같아 나머지 토큰 역시 안전(?)하게 맥주로 교환해서 마시며 시음공간을 나왔다.

　체험관 관람은 여기서 끝났지만, 마지막 코스인 상점이 남아있었다. 스포츠

독특한 디자인의 병맥주와 이름이 새겨진 귀여운 전용잔

매장을 방불케 할 정도로 갖가지 소품들이 진열되어 있었다. 눈에 확 띈 것은 이름을 새겨 넣을 수 있는 전용잔! 이름을 적어주면 직원이 현장에서 새겨주었다. 세상에서 하나뿐인 전용잔과 예쁜 디자인의 병맥주를 얻을 수 있으니 맥주 마니아에겐 이만한 기념품이 없다.

약 한 시간 반 가량 진행됐던 하이네켄 체험관. 1인당 2만 원이 넘는 입장료가 아깝지 않을 정도로 볼거리가 가득했고, 신나는 현장의 분위기 속에서 마시는 맥주는 기분 좋은 기억을 남길 수 있는 기회였다. 맥주 마니아가 아니더라도 암스테르담에 왔다면 투어 코스에 넣어보는 것을 추천한다!

🏛 하이네켄 체험관
주소 Stadhouderskade 78, 1072 AE Amsterdam
관람시간 월~목 : 10:30~19:30 (마지막 입장 17:30)
금~일 : 10:30~21:00 (마지막 입장 19:00)
※12월 24일, 12월 31일 : 10:30~16:00 (마지막 입장 : 14:00), 입장료 20유로(인터넷 예매시 18유로)
홈페이지예약 tickets.heinekenexperience.com/en/tickets

Proeflokaal Arendsnest
_프루플로칼 아렌츠네스트

하이네켄 체험관 일정을 마치고 도착한 숙소. 몸은 피곤해졌지만 벌써 여행의 마지막 날이었기 때문에 그냥 보낼 수 없었다. 마지막 피날레를 장식해줄 곳을 찾아 나섰다. 암스테르담 시내의 국립박물관과 아이 암스테르담 사인이 있는 공원을 먼저 둘러보고 도보여행의 꽃인 재래시장에서 군것질을 하며 관광을 해 보았다.

트램을 타고 도착한 암스테르담 센트럴역에는 반갑게도 데릴리움 펍 지점이 있었고, 한 잔의 맥주로 가볍게 목을 축인 뒤 번화가로 나왔다.

암스테르담의 랜드마크 I amsterdam이지만 엄청난 인파가 몰려 현실은 난장판

영화 속에 들어온 듯한 멋진 풍경을 연출하는 아렌츠네스트

번화가는 마치 크리스마스의 명동거리처럼 인파로 가득했는데, 걸을 때마다 낯선 냄새 때문에 머리가 아파왔다. 알고 보니 이 냄새의 정체는 바로 마리화나! 마리화나가 합법인 네덜란드에서는 '커피숍 Coffe shop'이라고 간판을 단 곳에서 마리화나를 판매하기 때문에 길거리 곳곳에서 마리화나 연기가 심상치 않게 감지된다. 마리화나의 냄새 때문일까, 휴식 없이 돌아다닌 탓이었을까. 갑자기 온몸에 기운이 부족해진 아내와 나는 가까운 중식당에 들어가 볶음밥을 먹으며 배를 채웠다. 한국인은 밥심이라는 말이 맞는지 언제 그랬냐는 듯 기력을 회복한 우리는 본격적으로 펍투어에 나섰다.

암스테르담에는 벨기에 브뤼셀과 비교해도 뒤처지지 않는 훌륭한 펍들이 많은데, 레이트비어 기준 암스테르담 1등 펍인 프루플로칼 아렌츠네스트Proeflokaal Arendsnest로 향했다. 운하가 바로 앞에 흐르는 아렌츠네스트의 외관은 보기만 해도 설레는 기분을 가져다주었다. 고동색으로 꾸며진 펍의 내부는 마치 고급 호텔 레스토랑에 들어온 것 같은 분위기를 내고 있었다.

이곳의 특징은 오직 네덜란드의 맥주만 판매한다는 것과 준비된 생맥주가 무려 52가지나 된다는 것이다.

네덜란드 맥주의 다양성을 자랑하는 듯 바에 걸린 칠판에는 생맥주의 목록으로 가득했고, 메뉴판에는 각 맥주별로 상세한 설명이 적혀있었다. 너무나 많은 종류 속에서 결정장애가 오려던 순간, 직원이 와서 맛보고 싶은 맥주를 말해보란다. 원하는 것을 무료 시음을 할 수 있었던 것이다! 직원의 추천을 받아 맛본 헤트에이 IPA't IJ IPA와 헤르토크 얀 트리펠Hertog Jan Tripel을 선택했다. 헤르토크 얀은 1915년에 설립된 네덜란드의 유명 브루어리로, 명성에 걸맞은 상큼한 과일향이 매력적인 트리펠이었다. 헤트 에이 IPA는 자몽향이 주도적이었으며 쌉쌀한 홉향이 깊어 무난하게 즐길 수 있는 맛이었다.

🏴 Tip Box

헤트 에이('t IJ)는 암스테르담에 위치한 소규모 브루어리로, 훌륭한 라인업을 갖춘 펍도 함께 운영하고 있어 추천할만한 방문지 중 하나이다.

약 3시간이 소요되는 모어비어 투어

기분 좋게 맥주를 마시던 중, 이 날의 운명(?)을 바꾼 팸플릿을 하나 발견하였다. MoreBeer Tour라고 큼지막하게 적혀 있었는데, 펍 투어에 참여하면 티셔츠를 준다는 소식!

네덜란드 브루어리인 모어비어 MoreBeer 에서는 암스테르담에 4곳의 펍을 운영 중이며, 이곳 아렌츠네스트를 포함해 4곳을 모두 방문하면 받을 수 있었다. 한 군데 정도만 더 방문하고 숙소로 돌아갈 계획이었던 우리는 티셔츠를 위해 좀 더 달릴(?) 준비를 해야 했다.

🍺 프루플로칼 아렌츠네스트
주소 Herengracht 90, 1015 BS Amsterdam
영업시간 일~목 : 12:00~24:00 금~토 : 12:00~02:00
홈페이지 www.arendsnest.nl

Beer Temple
_비어 템플

아렌츠네스트를 나와 10분 정도 걸어가니 비어 템플Beer Temple에 도착하였다. 이곳 역시 모어비어 펍 4곳 중 한곳으로서, 투어가 아니었더라도 꼭 방문하고 싶었던 곳이다. 쌀쌀한 날씨임에도 불구하고 이미 야외좌석에는 손님들로 만석이었다. 내부의 테이블도 꽉 차 있었는데, 아렌츠네스트와는 달리 인테리어도 심플하고 시끌벅적한 분위기였다. 앉을 수 있는 테이블은 없었지만, 벽 쪽에 서서

메뉴판에 달려있는 독수리 인형

마실 수 있는 공간이 마련되어 있어 맥주를 즐기기에는 문제가 없었다.

비어 템플의 특징은 한마디로 '미국식 펍'이다. 아렌츠네스트가 오직 네덜란드 맥주만 취급하는 '네덜란드 정통'펍의 느낌이라면, 비어 템플은 자유분방하고 시끌벅적한 미국식 펍을 지향하고 있으며 라인업 또한 미국 맥주가 주를 이루고 있다. (물론 이곳의 오너인 모어비어 맥주들과 함께)

카운터에 가서 맥주를 주문하고 결제를 하는 시스템이었는데, 모어비어의 더치 이글Dutch Eagle과 볼드 이글Bald Eagle을 주문하였다. 참고로 모어비어 맥주의 이름에는 이글Eagle이 들어가는데, 독수리를 캐릭터로 하기 때문. 바에 있는 메뉴판에서도 대머리 독수리로 의심되는 인형을 볼 수 있었다. (그리고 보니 주문한 맥주인 '볼드 이글'을 번역하면 대머리 독수리라고 불리는 '흰머리수리'였다!)

세계각국의 수많은 지폐들

벽면에는 전 세계 각국의 지폐들이 붙어 있었는데, 그중에는 한국 지폐도 눈에 띄었다. 만 원짜리였다면 누군가의 주머니로 슬쩍 들어갔거나 혹은 내 주머니에도 들어갈 수도 있었겠지만 다행히도(?) 천 원짜리 지폐뿐이었다. 또 하나 흥미로웠던 점은 지폐에 적혀있는 두 명의 이름 모두 내가 아는 사람의 이름과 같았다는 것! 물론 그들은 네덜란드에 온 적은 없지만, 반가운 사람의 이름을 지폐에서 보게 되니 이곳에 왠지 인연이 있는 것만 같았다.

적당히 시끌벅적하고 자유로운 분위기 취해 이곳에서 좀 더 맥주를 즐기고 싶었지만, 우리에겐 티셔츠라는 목표가 생겼기에 아쉬움을 남기고 다음 목적지 정복에 나섰다.

🍺 비어 템플
주소 Nieuwezijds Voorburgwal 250, 1012 RR Amsterdam
영업시간 일~목 : 12:00~24:00 금~토 : 12:00~02:00
홈페이지 www.beertemple.nl

'cause BEER loves FOOD

_코즈 비어 러브스 푸드

비어 템플에서부터 10분 정도 부지런히 걷다 보면 코즈 비어 러브스 푸드'cause BEER loves FOOD에 도착한다. '맥주는 음식을 사랑하기 때문에'라는 가게 이름답게, 이곳의 장점은 '요리'이다. 다양한 음식을 안주로 선택할 수 있는 우리나라의 펍과 달리, 유럽의 펍에는 안주 자체가 없거나 핑거푸드 정도만 있는 것이 일반적이다. 즉 이곳은 유럽인의 관점에서는 다른 펍과 달리 요리와 함께 맥주를 마실 수 있다는 것에 차별화를 둔 셈이다.

네덜란드의 튤립을 연상시키는 인상적인 맥주잔

바에는 한 눈에 봐도 맥주 마니아의 기운을 풍기는 여러 명의 아저씨들이 직원들과 이야기를 나누며 맥주를 마시고 있었으며 음식 메뉴판에는 구미를 당기는 10가지가 넘는 요리가 준비되어 있었다. 홈메이드 스타일로 만든 햄버거부터 샌드위치, 리소토, 생선인 대구요리까지 직접 조리를 해서 레스토랑만큼 근사하게 나온다. 그러나 나는 술배와 밥배가 따로 없는 관계로 앞으로 마실 맥주들을 위해 요리는 양보하기로 했다.

이곳에는 30여 가지의 생맥주가 준비되어 있는데, 스코틀랜드의 유명 브루어리인 브루독BrewDog의 맥주를 주력으로 하고 있으며 네덜란드의 맥주들도 갖추고 있었다.

무심해 보이는 표정을 가진 직원이 예상외로 우리가 앉은 테이블로 와서 친절하게 주문을 받아 주었다.

시작은 페일 에일 스타일의 펑키 팔콘Funky Falcon과 세종 스타일의 모어 비어 노던 팜 이글Morebeer Northern Farm Eagle. 맥주들의 맛을 일일이 기억하기에는 미각이 이미 많이 떨어진 상태였는지, 맛보다는 아름다운 네덜란드의 튤립을 떠올리게 만드는 맥주잔이 더 인상에 남는 듯하다.

이어서 고른 맥주는 모어비어 뉴 잉글랜드 세션 IPAMorebeer New England Session IPA. 뉴잉

승객이 많았던 1번 트램

글랜드 IPA NEIPA라고 불리는 이 스타일은 최근 전 세계적으로 크게 유행하고 있다. 깔끔한 외관과 상큼함이 특징인 미국 서부식 IPA와 달리 효모를 최대한 거르지 않고 매우 많은 홉을 투입하여 외관이 탁하면서 과일주스 향이 강하게 나는 것이 특징이다. 최근 가장 핫한 맥주를 네덜란드에서 맛보는 것도 색다른 경험이었다.

티셔츠를 받기 위해 남은 펍은 단 한 곳. 코즈 비어 러브스 푸드를 나온 우리는 시내에서 조금 떨어져 있는 마지막 펍을 정복하기 위해 1번 트램에 전투적으로 몸을 실었다.

🍺 코즈 비어 러브스 푸드
주소 Lange Leidsedwarsstraat 4, 1017 NL Amsterdam
영업시간 일~목 : 16:00~24:00 금~토 : 16:00~02:00
홈페이지 www.causebeerlovesfood.nl

Craft&Draft)
_크래프트 & 드래프트

모어비어 투어 네 곳 중 마지막이자, 베네룩스 여행의 마지막 펍이었던 크래프트 & 드래프트Craft & Draft. 암스테르담 시내에서 약간 떨어진 곳에 위치해 있었지만 트램을 이용하면 그리 멀게 느껴지지는 않는다. 이곳 역시 암스테르담 내에서도 높은 평가를 받고 있기 때문에 방문하고 싶었던 펍이었다. 사실 외곽에 위치한 탓에 방문이 고민이 되었던 곳인데, 모어비어 투어의 기념품인 티셔츠가

1 샴페인처럼 가볍게 마실 수 있었던 힙스 오브 홉스의 맥주
2 덩어리로 제공되는 소시지
3 모어비어 투어의 기념품인 티셔츠

고맙게도 원동력이 되어 주었다. 어떻게 보면 티셔츠를 이용해 멀리까지 오게
만든 상술에 넘어갔다고 생각할 수도 있겠지만, 어차피 가고 싶었던 곳인데다
선물까지 준다니 마다할 이유는 없었다.

시내 한복판에 있던 이전 펍들과 달리 이곳은 주택가에 위치해 있다. 가게 안
으로 들어가니 멋진 바의 모습이 눈을 사로잡았다. 수십 개의 탭 핸들이 일렬로
길게 정렬되어 있는 모습이 인상적이었고, 인테리어에도 상당히 신경 쓴 듯 세
련되어 보였다.

크래프트 & 드래프트 역시 자신만의 컨셉이 있었는데, 그것은 바로 '세계 각

지의 다양성'이다. 여러 나라의 생맥주가 40가지가 준비되어 있었다.

직원에게 네덜란드 맥주 추천을 부탁하였더니 힙스 오브 홉스 Heaps of Hops 라는 브루어리의 맥주를 권했다. 암스테르담에 위치한 작은 신생 브루어리로 4% 이하의 낮은 도수의 맥주를 만드는 것이 특징인 곳이다. 3.8%의 골드 Gøld 와 3.5%의 폰컬바터 Vønkelwater 를 마시며 이곳에서의 맥주 파티를 가볍게 시작할 수 있었다.

술에 취하면 신경세포가 마비되어 음식이 잘 들어간다는 이야기가 사실일까. 이전 펍들과 달리 음식이 무척 당긴 우리는 소시지를 주문하였다. 통째로 나온 두툼한 소시지를 칼로 썰어 비스킷에 올려서 먹었는데, 맥주와의 궁합이 굉장히 좋았다.

다음 궁합으로 선택한 메뉴는 네덜란드 맥주인 요펜 비바엘 라이 Jopen Viva El Rye 와 영국 맥주 민타임 애니타임 Meantime Anytime. 쌉쌀한 홉향을 제대로 느껴졌던 IPA 스타일의 맥주였다.

여행의 마지막 밤을 즐겁게 보내보니 어느새 자정을 넘기고 있었다. 결국 미국 IPA 스타일의 하디우드 더 그뤠잇 리턴 Hardywood The Great Return 과 모어비어의 스타우트인 미키=카티펠레 Mikkie=Cattivella 를 끝으로 맥주 파티를 마무리하였다.

이제, 드디어... 티셔츠를 받을 시간! 카운터에서 앞선 펍 세 곳의 영수증을 보여주니 직원이 웃으며 티셔츠를 건네주었다. 특히나 빡빡했던 여행의 마지막 날, 피로를 날려준 의미 있는 아이템이었다. 티셔츠 하나로 신난 아내와 나는 30분 동안 즐겁게 걸어가 숙소에 도착했다.

🍺 크래프트 & 드래프트
주소 Overtoom 417, 1054 JR Amsterdam
영업시간 월~목 : 16:00~24:00 금 : 16:00~02:00 토 : 14:00~02:00 일 : 14:00~24:00
홈페이지 www.craftanddraft.nl

암스테르담 펍크롤 Amsterdam Pub Crawl

여러 펍을 돌아다니면서 다양한 맥주를 즐기는 '펍크롤 Pub Crawl', 셀 수 없을 만큼 많은 펍이 모여 있는 암스테르담은 펍크롤을 즐기기에 최적의 도시이다. (Crawl은 '엎드려 기다'라는 의미)

하지만 선택지가 많으면 오히려 결정하기가 어려운 법. 레이트비어와 같은 맥주 평가 사이트를 참고하여 순위가 높은 펍을 돌아다니는 것도 방법이지만, 테마가 있다면 더욱 색다른 경험이 될 것이다.

이러한 바람을 알아챈 것일까? 다양한 테마를 정해서 즐겁게 펍크롤을 할 수 있도록 안내해주는 곳이 있는데, 바로 펍크롤 암스테르담 Pub Crawls Amsterdam 이라는 사이트다.

펍크롤 암스테르담에서는 10여 개의 테마를 고를 수 있으며, '다섯 곳의 양조장', '보드게임', '로맨틱 암스테르담', '홍등가 거리' 등 흥미로운 테마로 구성되어 있다. 또한 네 곳의 펍을 3시간 동안 돌아다니는 코스, 8곳의 펍을 5시간 동안 돌아다니는 코스 등 테마마다 방문지의 수와 소요시간도 각기 다르게 구성되어있으니 상황과 취향에 따라 폭넓게 선택할 수 있다.

또한 몇몇 테마의 특정 펍에서는 특별히 제공하는 이벤트가 있으며(이벤트에 대한 설명은 방문지에서 확인 가능), 펍크롤을 완료하면 선물을 주기도 하니 마치 보드게임 실사판 체험이라고 할 수 있지 않을까.

남들이 가는 펍을 그저 똑같이 따라가기 식상하다면, 테마가 있는 다이내믹한 펍크롤링으로 암스테르담 펍들을 누벼 보자.

홈페이지 pubcrawlsamsterdam.com

1 보드게임처럼 꾸며진 테마
2 홈페이지 지도에 펍크롤 동선이 표시되어 있다

Bierproeflokaal In De Wildeman

_ 비어 프루플로칼 인드 빌드먼

메뉴판에 그려진 빌드먼의 로고

모어비어 투어를 시작하기 전, 암스테르담 번화가를 둘러본 뒤 방문했던 비어 프루플로칼 인드 빌드먼(비어 프루플로칼는 맥주 시음공간, 빌드먼은 거친 남자를 의미한다). 이곳은 암스테르담에서 손꼽히는 펍 중 한 곳인데, 번화가 중심부에 위치하여 접근성이 굉장히 좋은 곳이다 보니 가장 먼저 스타트하기에 알맞다.

　　내부로 들어서니 거친 펍의 이름과는 달리 의외로 따뜻한 분위기와 오래된 골동품점 같은 올드한 인테리어가 인상적이었다. 하지만 왠지 모를 적막감이 감돌았는데, 그 이유는 바로 음악을 틀지 않기 때문. 나중에 홈페이지에 들러보니 빌드먼의 특징이 바로 음악이 없다는 점이라고 한다.

　　'거친 남자'라고 보기엔 애매한 원시인 그림이 그려진 메뉴판에는 맥주 스타일에 대한 설명을 비롯해, 250가지에 달하는 병맥주와 가벼운 안주 목록이 나와 있었다.

　　이곳에는 18가지의 생맥주가 준비되어 있는데, 마치 건축물을 연상시키는 근사한 칠판에 생맥주 목록이 쓰여 있다. 맥주는 야성미가 물씬 품기는 사장님으로 보이는 분께서 친절히 따라주었다.

와일드 분위기는 실내공간이 아니라 사장님으로 보이는 거친 남자에게서 느낄 수 있었다

첫 번째 맥주는 네덜란드 콤판Kompaan 이라는 브루어리의 스타우트인 블루드브루더Kompaan Bloedbroeder. 9.5%라는 높은 도수를 가졌기에 첫 맥주로는 다소 센 느낌도 있었지만 묵직하고 진한 커피향이 인상 깊게 입안을 채워주었다. 또 다른 맥주는 더 커널 런던 브릭the Kernel London Brick 이라는 호박 빛이 나는 엠버 에일* 스타일로서, 구수한 맛과 씁쓸한 홉향이 조화를 이루었다.

어느 펍에서든 각자 2잔씩은 마시곤 했지만, 하루밖에 남지 않은 암스테르담의 밤을 알차게 보내기 위해 아쉬움을 남기고 일어섰다.

짧게 머무른 곳이지만 거침과 안락함이 묘하게 어울린 분위기는 인상에 강하게 남는다.

*엠버 에일(Amber Ale) : 캐러멜 맥아의 영향으로 아름다운 호박빛을 내는 맥주. 달콤한 캐러멜과 씁쓸한 홉의 향이 조화로운 것이 특징이다.

🍺 비어 프루플로칼 인드 빌드먼
주소 Kolksteeg 3, 1012 PT Amsterdam
영업시간 월~목 : 12:00~01:00 금~토 : 12:00~02:00 휴무: 일
홈페이지 www.indewildeman.nl
(홈페이지에 '오늘의 생맥주 목록'이 올라온다고 하는데, 막상 가게의 메뉴판과는 일치하지 않기도 한다.)

암스테르담 러닝 다이어리

전날 밤 사람들로 가득했던 거리가 아침 숲속처럼 고요해졌다. 그러나 산책로의 한적함에 오히려 기분은 좋았다. 아침을 시작하는 음악이 나지막이 흘러나오는 커피 매장에 들러 잠시 땀을 식히니 맥주여행이라는 테마로 충분히 즐거울 수 있다는 멋진 경험을 선물한 이 도시가 고마워졌다. 이 먼 곳까지 다녀올 친구가 있다면 이렇게 말할 것 같다. 너도 분명 이곳을 좋아하게 될 거라고.

암스테르담 투어 리스트

 볼거리

아이 암스테르담 사인 I amsterdam Sign
암스테르담의 랜드마크로서 국립미술관을
배경으로 하여 멋진 사진을 찍을 수 있는 곳.
사인 남쪽으로는 드넓은 잔디광장
(Museumplein)이 펼쳐져 있으며, 세계 최대
규모의 고흐 셀렉션을 소장한 반고흐 미술
관이 있다. 그 옆으로 80개 이상의 전시실과
8000점의 소장품들을 갖추고 있는 국립미
술관이 자리해 있다.

알버트 카위프 마켓 Albert Cuyp Market
현지인들이 이용하는 재래시장으로서 의류,
잡화, 공예품, 식재료 등을 판매하는 다양한
노점상들이 있으며 저렴한 군것질거리도 맛
볼 수 있다.

레이체광장 Leidseplein

영화관을 비롯하여 카페와 펍, 레스토랑이 밀집되어
있는 곳으로서 식사와 후식을 즐기기 좋은 곳이다.

암스테르담 센트럴역 Amsterdam Centraal

네덜란드의 중심 기차역으로서 멋진 외관과 실내장식
을 갖고 있으며 역사에 다양한 상점들이 있다. 역사 북
쪽에는 화물 항만인 에이(IJ)를 볼 수 있다.

홍등가 De Wallen

부채꼴 형태인 암스테르담의 중심지에 위치한 최대 번화가. 골목마다 수많은 음식점을 비롯하여 마리화나를 파는 커피숍, 사람들로 가득하다. 또한 성매매가 합법인 네덜란드답게 빨간색 간판을 가진 가게가 많은데, 자칫 취객들로 인해 위험할 수 있으니 간단히 둘러보는 것이 좋다.

담광장 Dam

강을 막아 조성된 암스테르담의 중심광장. 네덜란드 왕궁을 비롯하여 교회, 백화점, 호텔들이 모여있으며 상점과 펍들도 즐비하다. 겨울철에는 광장이 놀이동산으로 변한다는 점이 특징이다.

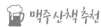 맥주 산책 추천

드 비어코닝 De Bierkoning

'맥주 왕'이라는 뜻을 가진 이곳은, 유럽에서 가장 좋은 맥주 셀렉션을 가진 곳이라고 자신하는 30년 넘은 바틀샵으로서 레이트비어에서 99점을 받은 곳이다. 좁은 매장 안에는 한정판 맥주를 비롯하여 약 2000여개의 맥주들과 수백 개의 맥주잔들이 진열되어 있다.

Course.10
유럽의 골동품
룩셈부르크

Luxemburg
룩셈부르크

천년의 역사를 간직한 유럽연합의 거점도시 룩셈부르크는 나라의 이름이자 수도
의 이름이다. 인구는 약 60만 명으로 작은 나라지만, 세계에서 1인당 가장 소득이
높은 금융 강국으로 알려져 있다. 사실 룩셈부르크는 '맥주여행'을 하기에 권장할
만한 곳은 아니지만, 하루 이상은 꼭 챙겨서 둘러볼만한 매력적인 나라임에는 틀
림없다.

룩셈부르크는 작은 나라이니 만큼 맥주산업이 그다지 발전하지는 않았다.

가장 대중적인 맥주 브랜드는 보퍼딩 Bofferding 이며 페일라거 스타일의 맥주이다.
1842년 설립된 보퍼링 브루어리 Brasserie Bofferding 는 1975년 다른 브루어리를 흡수 합
병하면서 룩셈부르크 맥주시장의 절반 이상을 차지하고 있다.

그 뒤를 이어 대형 맥주회사인 인베브에 소속되어있는 룩셈부르크 브루어리 Brasserie
de Luxembourg 의 디키르히 Diekirch 와 모젤 Mousel 맥주가 인기가 많다.

이 외에도 시장 점유율이 높진 않지만 시몬 브루어리 Brasserie Simon 의 맥주도 룩셈부르
크에서 쉽게 볼 수 있는 맥주이다.

숙소앞 아담한 펍에서 마신 디키르히 맥주

룩셈부르크 러닝 다이어리

룩셈부르크의 대표 볼거리인 아돌프 다리 밑에서 중세시대의 정취를 맛보며 달려본다. 오밀조밀 예쁘게 붙어있는 룩셈부르크의 가정집 거리 또한 명소의 느낌이 물씬 풍긴다. 나폴레옹이 말한 유럽의 골동품이라는 이야기가 이 길 위에서 새롭게 느껴진다. 룩셈부르크의 맑은 공기를 마시며 더 속도를 내서 달린다.

룩셈부르크 투어 리스트

📷 볼거리

아돌프 다리 Pont Adolphe
높이 46m, 길이 153m의 아치형 다리로서, 건설 당시 세계에서 가장 큰 아치교여서 세상의 이목을 끈 룩셈부르크의 대표 볼거리이다.

황금의 여신상 Monument du souvenir
전쟁에서 전사당한 희생자들을 기리기 위해 헌법광장에 만들어진 기념비이다. 한국전쟁에 참전한 룩셈부르크 군인들을 잠시 기리는 시간을 가져보자.

노트르담 대성당 Cathédrale Notre-Dame

시내 어디서나 볼 수 있는 세개의 첨탑이 특징인 성당. 국가적 행사나 대공가의 결혼식이 이곳에서 행해지기도 한다.

아르메 광장 Place d' Armes

룩셈부르크의 중심가인 아르메 광장에는 분위기 좋은 레스토랑과 카페들이 굉장히 많이 모여있다.

그랜드 두칼 궁전 Palais Grand-Ducal
궁전이라고 하기에는 소박해 보이는 외관을
가지고 있는데, 현재는 룩셈부르크 행정부가
들어 있고, 공식적인 행사 때에만 사용된다.
궁전 앞에는 근위병을 볼 수도 있다.

보크 포대 Casemates du Bock
900년대 처음 지어진 이후 오랫동안 군사거
점으로 사용된 곳으로서 수많은 침략을 막는
역할을 하였다. 현재는 유네스코 세계문화유
산으로 지정되었다.

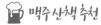 맥주 산책 추천

리퀴드 카페 Liquid Cafe
룩셈부르크에서 제일 훌륭한 펍으로 꼽히
는 곳으로, 영국식 펍·네덜란드식 카페를
지향하고 있다. 유럽 전역과 미국의 50가
지가 넘는 생맥주를 갖추고 있으며 칵테일
도 준비되어 있다.

Course. 11
국내 벨기에 맥주의
성지들

맥주여행을 반드시 맥주 강국인 유럽의 나라들이나 미국 같은 해외로만 갈 필요는
없다. 국내에도 맥주여행을 떠날 수 있는 곳이 참 많아졌기 때문이다. 벨기에 맥주
도 인기가 높아지면서 이전과 비교할 수 없는 훨씬 다양한 종류가 수입되고 있다.
알만한 사람은 다 안다는 '벨기에 맥주 전문 펍'을 표방하는 4곳을 소개한다.

Korea

누바 NUBA

젊음의 거리 홍대의 한 골목에 위치한 누바. 많은 맥주 애호가들이 국내 최고로 뽑는 벨기에 맥주 전문 펍이다. 누바의 고풍스러운 실내 분위기는 벨기에 현지의 오래된 펍에 온듯한 느낌을 준다. 누바는 약 7년 전 오픈하였는데, 사장님이 당시에는 생소했던 세인트 버나두스 앱 12St.Bernardus Abt 12를 맛본 뒤 벨기에 맥주에 주력하면서 벨기에 맥주 전문 펍이 되었다. 4개의 냉장고를 온도별로 관리할 정도로 품질관리에 신경을 쓰고 있으며, 사장님이 직접 맛보고 만족한 맥주들만 판매하기 때문에 믿고 마실 수 있다. 또한 포 세종Ⅳ Saison은 벨기에의 매우 작은 브루어리인 얀드레인-얀트레누이어Jandrain-Jandrenouille의 맥주로서, 세인트 버나두스와 더불어 누바의 대표적인 맥주이다. 벨기에 맥주 애호가들의 아지트인 누바에서 벨기에 맥주 산책을 즐겨보자.

하이로비어

하이로비어는 원래 서울역과 남대문 사이에서 약 40년간 호프집으로 운영해온 곳이었는데 재개발로 인해 현재는 광화문으로 자리를 옮긴 상태이다. 지금의 사장님은 아버지가 운영하던 호프집을 이어받았는데, 오래전 호가든의 매력에 푹 빠지게 되면서 호프집을 벨기에 맥주 전문점으로 재탄생시켰다. 벨기에 맥주 전문점으로 탈바꿈한지 약 10년 가까이 되었으니 국내 벨기에 맥주 전문점의 원조인 셈이다. 이곳의 사장님은 맥주 설명이 적힌 메뉴판을 하나하나 직접 만들 정도로 열정석이고 맥주의 품질관리에 대한 노하우도 풍부하다. 생맥주 라인업은 종종 바뀌지만 보통 5가지 이상의 수준급 벨기에 맥주들을 취급하고 있으며 병맥주도 50여개 이상 갖추고 있다. 회사가 모여 있는 광화문에 자리 잡은 만큼 직장인들이 많이 찾는 곳이다. 복고풍 느낌의 외관은 약간 아쉽지만, 퇴근길에 들러 벨기에 맥주를 마시며 하루의 피로를 풀기에는 최적의 장소다.

벨지 Bel.G

한국 크래프트 맥주 붐의 발생지이자 핫 플레이스인 이태원. 다양한 크래프트 맥주 펍이 몰려있는 곳이니만큼 맥주를 즐기기 최적인 곳이었지만 한편으로 허전한 느낌도 들었다. 바로 벨기에 맥주 전문 펍이 없었기 때문. 하지만 2014년 벨지가 문을 열면서 그 허전한 느낌을 채워주웠다. 이곳의 사장님은 맥주 수입업을 하는 친구분의 영향으로 가게를 차리게 되었다고 한다. 30~40개의 병맥주를 갖추어 놓았고, 대여섯 가지의 생맥주도 취급하고 있으며 시기에 따라 라인업은 조금씩 달라진다.

　마치 동굴에 온 듯한 인테리어 덕분에 벨기에 현장의 분위기를 좀 더 가깝게 느낄 수 있다.

곽펍 kwak.pub

S전자의 연구소가 자리 잡고 있는 서울 끝자락에 위치한 우면동. 번화가의 느낌이라곤 도저히 찾아볼 수 없는 이곳에 매우 세련된 펍이 자리 잡고 있는데, 바로 파우웰 곽Pauwel Kwak 맥주의 이름을 딴 곽펍이다. 문을 연지 약 2년이 지난 이곳은 최상급 벨기에 맥주들을 수입하는 수입사의 사장님이 차린 곳이다. 꽤나 오래전부터 트라피스트 맥주를 주력으로 수입했기 때문에 국내에 트라피스트 맥주를 알리는 전도사 역할을 해왔다.

곽펍에 갖춰진 병맥주는 약 50가지나 될 정도로 상당히 많은데, 생맥주는 보통 두 가지가 준비되어있다. 그중 하나는 펍의 이름답게 파우웰 곽이며, 나머지하나는 파우웰 곽과 같은 브루어리인 보스틸스의 트리펠 카르멜리엇이다(트리펠 카르멜리엇은 종종 품절되어 다른 맥주로 대체되기도 한다). 독특한 잔이 매력인 파우웰 곽과 트리펠 스타일의 최강자인 트리펠 카르멜리엇을 가장 맛있게 마시고 싶다면 곽펍으로 달려가보자.

대한민국 크래프트 맥주 지도

맹맵 Mac Map

몇 년째 계속 성장을 이어가고 있는 한국의 크래프트 맥주산업은 돌이켜보면 2002년을 그 시작점이라고 볼 수 있다. 당시 월드컵을 계기로 주세법이 개정되면서 양조시설을 갖춘 주점이 우후죽순 생겨났지만, 높은 투자비와 관리비로 경쟁력을 잃고 대다수가 문을 닫고 만다.

이후 2010년 주세법이 완화되면서 스몰비어 형태의 프랜차이즈 업체가 인기를 얻게되고, 편의점과 마트에서는 '수입맥주 4캔 만원' 상품이 등장하게 된다. 2012~2013년에는 이태원을 중심으로 크래프트 브루어리가 생겨나며 대중들에게 크래프트 맥주가 점차 알려졌다.

크래프트 맥주의 인기는 꾸준히 높아져 2018년 현재 약 100개의 브루어리가 국내에 자리 잡게 되었다. 굳이 해외에 나가지 않더라도 한국에서도 충분히 훌륭하고 다양한 맥주를 즐길 수 있는 환경이 만들어진 것이다. 그러나 갑작스럽게 늘어난 펍들로 인해 어느 곳을 가야 제대로 된 한국의 크래프트 맥주를 맛볼 수 있을지 알기는 쉽지 않다. 그래서 많은 사람들이 쉽게 국내 크래프트 맥주를 찾아갈 수 있도록 도와주는 지도가 탄생했는데, 바로 맹맵Mac Map이다. 맥주 지도Map를 발음하기 쉽게 만든 이름으로, 필자가 취미 삼아 만든 공유지도이다.

국내 최초로 하우스맥주를 오픈한 옥토버훼스트 강남점

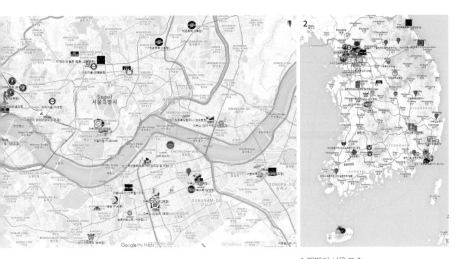

1 맹맵의 서울 모습
2 맹맵의 한반도 전체 모습

맹맵에는 개인사업 형태의 펍은 최대한 배제하고 국내 크래프트 브루어리의 직영펍을 위주로, 일반인 방문이 가능한 양조장을 비롯, 자체 브루어리를 소유하지 않았더라도 위탁양조 형태로 운영하는 브루어리와 같이 국내 크래프트 맥주산업에 의미가 있는 곳들을 찾을 수 있게 했다. 또한 등록한 곳마다 해당 브루어리에 대한 이야기를 담아 놓았다.

2018년 현재 150여 곳 이상이 등록되어있으며, 수시로 갱신 작업을 진행하고 있다. 서울이나 부산에서 펍크롤을 하거나, 여행지로 가는 도중 혹은 여행지에 도착했을 때 등 다양한 상황에서 유용하게 사용할 수 있을 것이다. 또한 한국의 크래프트 맥주가 어느 지역을 중심으로 발전하고 있는지에 대한 정보도 얻을 수 있을 것이다.

맹맵 goo.gl/nihmuy (또는 검색창에 '맹맵' 입력)

'맥주'하면 가장 먼저 떠오르는 도시, 독일의 뮌헨. 1516년 반포된 맥주순수령*의 영향을 가장 많이 받은 지역이자, 수많은 사람의 버킷리스트로 꼽히는 옥토버페스트가 열리는 곳이다. 이 책은 베네룩스를 주제로 했지만 유럽의 맥주를 이야기할 때 독일이 빠질 수 없기에 간략히 싣는다.

블로그 활동을 하고 있는 나는 독일 바이엔슈테판맥주를 수입하는 바이엔슈테판코리아의 서포터즈인 '아포스텔' 활동을 하였는데, 운 좋게도 1등을 하게 되어 바이엔슈테판 본사에 초대받게 되었다. 뮌헨 여행은 계획했던 여행이 아니었기 때문에 길게 일정을 할애하지 못했지만 최대한 시간을 쪼개서 4박 6일 동안 다녀올 수 있었다. 양조장 및 펍들을 부지런히 방문하였고, 옥토버페스트에 참여하는 '뮌헨 6대 맥주'도 모두 마실 수 있었다. 실제 옥토버페스트에는 참가하지는 못했지만, 매장을 하나씩 찾아다니며 즐겼던 '학저비의 옥토버페스트'를 소개하고자 한다.

* 맥주순수령: 1516년 바이에른 공국의 빌헬름 4세가 맥주의 원료를 보리와 홉, 물만으로 제한한 법령. (효모도 맥주의 원료 중 하나이지만, 당시에는 효모의 존재를 몰랐기 때문에 3가지 원료만 규정하였다). 이 법령으로 인해 맥주의 안전성과 품질이 전반적으로 향상되었다는 긍정적인 면이 있었지만, 맥주의 다양성을 부족하게 만들었다는 부정적인 평가도 있다.

세계 최대의
맥주 파티가 벌어지는 곳
뮌헨

Munich

옥토페스트
6대 맥주 도장깨기

매년 9월 중순부터 10월 초까지 열리는 세계 최대의 맥주축제 옥토버페스트. 뮌헨시가 선정한 6대 맥주 회사만 천막을 설치하고 맥주를 판매할 수 있는 행사이다. 10월 말에 뮌헨에 방문했던 나는 옥토버페스트에 직접 참여하지는 못했지만 6대 맥주 회사의 직영 펍들을 돌면서 나만의 옥토버페스트를 즐겼다.

옥토버페스트 6대 브루어리

아우구스티너	학커-프쇼르	호프브로이	뢰벤브로이	파울라너	슈파텐
Augustiner	Hacker-Pschorr	Hofbräu	Löwenbräu	Paulaner	Spaten

아우구스티너 Augustiner

1328년에 설립된, 뮌헨에서 가장 오래된 브루어리로서 압도적인 인기를 얻고 있는 뮌헨의 대표 맥주이다. 아우구스티너의 맥주 중에서는 헬레스*가 가장 유명하다.

엄청난 인기답게 뮌헨 시내에만 약 7개 정

*헬레스: 독일 뮌헨에서 개발된 라거 스타일로, 밝은(Hell) 맥주라는 뜻을 갖고 있다. 가장 흔한 맥주 스타일인 페일 라거와 유사하지만, 곡물의 단맛이 더욱 가미되어 있다.

도의 아우구스티너 직영점이 있다. 그중 양조장 바로 옆에 위치한 아우구스티너 브로이스토븐Augustiner Bräustuben과 아우스티너 켈러Augustiner-Keller를 추천한다.

학커–프쇼르 *Hacker-Pschorr*

1417년 문을 연 양조장 겸 작은 레스토랑에서 시작된 곳. 한때 학커Hacker 와 프쇼르Pschorr 브루어리로 나뉘어 운영을 하다가 1972년 다시 합쳐져 현재의 학커-프쇼르 브루어리가 되었다.

　뮌헨 시내에 2곳의 직영점을 운영하고 있는데, 전반적인 분위기가 다르니 취향에 맞게 선택해보자. 600년의 역사가 담긴 학커프쇼르의 기원이 된 곳을 가보고 싶으면 '알테스 학커하우스Altes Hackerhaus'로, 세련된 분위기를 느끼며 오크통에서 따라주는 맥주를 맛보고 싶다면 '데어 프쇼르Der Pschorr'를 추천한다.

호프브로이 Hofbräu

바이에른 주 정부가 운영하는 1589년 설립된 맥주 회사 호프브로이의 직영펍, 호프브로이하우스Hofbräuhaus. 3천 명 정도를 수용할 수 있는 엄청난 규모를 자랑하며, 관광객들에게 가장 잘 알려진 맥줏집이다.

뢰벤브로이 Löwenbräu

세계에서 가장 유명한 양조장 중 하나로
서 사자 뢰벤 Löwen 를 마스코트로 갖고 있다.
뢰벤브로이는 현재 슈파텐 Spaten 과 프란
치스카너 Franziskaner 와 합병되어 대형 맥주
회사인 인베브 InBev 에 소속되어 있다.

　뢰벤브로이켈러 Löwenbräukeller 에서 신선한
뢰벤브로이 맥주를 맛볼 수 있는데, 국
내에서 캔맥주로 마시던 것과는 전혀 다
른 훌륭한 맛을 느낄 수 있다.

파울라너 Paulaner

대표맥주인 헤페바이스로 국내에서도 큰 인
기를 얻고 있는 파울라너. 현재는 80여 개국에
수출되는 거대한 맥주 회사로 발전했다.

　직영점은 맥주 공장 옆에 위치한 파울라너
암 녹헤르베르크 Paulaner am Nockherberg 와 파울라너 브
로이하우스 Paulaner Bräuhaus 가 있다.

슈파텐하우스 Spatenhaus

뮌헨 시장이 첫 맥주통을 개봉하며 옥토버페스
트의 시작을 알리는데, 이 행사는 슈파텐에서
운영하는 쇼텐하멜 Schottenhamel 천막에서 열린다.

　옥토버페스트의 개막식을 담당하는 슈파텐
의 직영펍에서 맥주를 즐겨보자.

뮌헨 맥주 메뉴판 팁

vom Faß
(vom Fass)
생맥주

Weiss
(Weißbier)
바이스, 바이젠 (독일식 밀맥주)

Flasche
병맥주

Radler
레모네이드가 섞인 레몬맛 맥주,
일반적으로 페일라거에 레몬에이드를 섞음

Maß
(Mass)
1L 잔에 나오는 맥주

Ruß
(Russ)
밀맥주에 레몬에이드를 섞은 것

Schnitt
2/3정도 따라주는 맥주
(주로 추가 주문할 때 이용)

Alkoholfrei
무알코올 맥주

Hell
헬레스(뮌헨식 페일라거)

Leicht
약한(Light를 의미)

Dunkel
둔켈(독일식 검정색 라거)

Leicht Weiss
밀 함량이 적은 밋밋한 밀맥주

Munich

Schneider Bräuhaus
_ 슈나이더 브로이하우스

슈나이더 바이세Schneider Weisse 맥주의 직영펍인 슈나이더 브로이하우스는 뮌헨 시내에서 가장 추천하고 싶은 곳이다. 슈나이더 바이세의 시작은 왕궁에서 양조장을 만든 1607년부터 이어져 왔다고 하니, 400년이 넘는 역사를 가지고 있는 셈이다.

슈나이더 바이세는 3~4가지의 한정된 스타일의 맥주를 주로 생산하는 인근의 브루어리들과는 달리 약 10가지 스타일의 맥주를 만들고 한정판 맥주도 출시하면서 맥주 애호가들의 큰 호응을 얻고 있다.

가장 추천하는 맥주는 TAP5 마인 호펜바이세Meine Hopfenweisse. 미국 브루클린 브루어리와 합작으로 만든 수작으로서 홉Hopfen이라는 맥주 이름처럼 홉향이 가득한 밀맥주이다. 마치 요구르트를 마시는 것처럼 신선함과 달달함을 느낄 수 있으며, IPA에서 느껴지는 홉 특유의 쌉쌀한 맛이 가미되어 있다. 또한 TAP4는 독특하게도 유기농 재료로 만든 맥주이니만큼 색다른 체험으로서 맛보기를 권한다.

TAP5, TAP6, TAP7

Munich

Wirtshaus Ayingers
_비르츠하우스 아잉거

헤페바이스

슈나이더 바이세와 함께 또 하나의 맥주 강자 아잉거. 뮌헨 근교의 아잉Aying이라는 작은 마을에 1878년 설립된 브루어리로, 약 13가지의 다양한 맥주를 생산하고 있다. 세계맥주대회에서 여러 차례 수상했을 뿐 아니라, 레이트비어에서 독일 최고의 브루어리로 선정되었을 정도로 내공 있는 곳이다. 특히 셀러브레이터는 도펠복* 스타일 중에서 최고로 평가받고 있다. 이 훌륭한 브루어리의 직영 펍인 비르츠하우스 아잉거 Wirtshaus Ayingers가 호프브로이 하우스 바로 맞은편에 위치해 있다.

아잉거 100주년 기념으로 만든 헬레스 스타일의 야훈데르트Jahrhundertbier와 바나나향이 가득한 헤페바이스비어Hefeweißbier, 그리고 효모를 거르지 않아 풍미가 가득한 켈러비어Kellerbier를 추천한다. 또한 오후 5시부터는 오크통에서 따라주는 맥주를 맛볼 수 있는데 금세 매진이 되니 서둘러 주문하자.

🚩 Tip Box
뮌헨에서 기차로 40분 거리에 위치한 아잉거 브루어리에서는 화 11시, 목 18시, 토 10시에 브루어리 투어가 진행되니 시간적 여유가 있다면 방문해보자.

*도펠복(Doppel Bock) : 색이 진하고 독한 복(Bock) 맥주를 한 단계 더 강화한 맥주로서 '복'앞에 Double을 의미하는 Doppel이 붙은 맥주이다. 주로 독일에서 생산되는데, 어두운색을 띠고 도수는 7% 이상으로 높은 편이다.

Tap-House Munich
_탭하우스 뮌헨

맥주순수령의 영향을 가장 많이 받은 뮌헨. 맥주 제조에서 정통성을 지켰다는 명분 덕에 맥주의 도시라는 명성을 얻었지만, 한편으로 맥주의 다양성을 잃어 버린 도시라는 평도 얻고 말았다. 그러나 뮌헨에서도 젊은 층을 중심으로 크래 프트 맥주의 붐이 점차 일어나고 있는데, 그것을 체감할 수 있는 곳이 바로 탭하 우스 뮌헨Tap-House Munich이다. 맥주 평가 사이트에서 뮌헨의 1등 크래프트 맥주 펍 으로 평가받고 있으며, 뮌헨 근교에 위치한 크래프트 브루어리인 캄바Camba의 맥 주를 비롯해 약 40가지의 생맥주를 갖추고 있다.

고객의 연령대가 높았던 뮌헨 시내의 펍들과 달리 젊은 손님들이 가득하다 는 것도 이곳의 특색 중 하나. 독일의 크래프트 맥주를 직접 느껴보고 싶다면 반 드시 방문해야 할 곳이다.

Biervana

_비어바나

뮌헨에서 다양한 크래프트 맥주를 만날 수 있는 또 하나의 공간, 뮌헨 최고의 바틀샵인 비어바나. 내부는 아담하지만 상당히 다양한 종류의 크래프트 맥주들이 가득 채워져 있으며, 스타일 별로 말끔히 정리해서 진열하고 있는 모습이 인상적이다. 가게에는 벨기에와 미국 맥주들도 가득하지만 독일 바틀샵이니만큼 독일 크래프트 브루어리의 맥주들을 추천한다.

Kloster Andechs
_안덱스 수도원

안덱스 수도원은 뮌헨에 숨겨져 있는 또 하나의 맥주 성지이다. 물론 맥주를 좋아하는 사람이 아니더라도 해마다 많은 여행객들이 찾는 관광지이기도 하다. 뮌헨역에서 기차와 버스를 타고 1시간 정도 이동하면 수도원에 도착할 수 있다. 푸르른 벌판을 감상하며 수도원으로 올라가면 맥주와 음식을 마실 수 있는 공간이 나온다. 맥주와 음식 모두 셀프서비스인 것이 매력인 이곳에서 꼭 체험해 봐야 하는 맥주는 바이스비어 헬Weissbier hell. 헤페바이젠* 스타일로, 세계 최고로 평가받는 바이엔슈테판 헤페바이스와 견주어도 손색이 없다. 맥주뿐만 아니라 독일식 족발인 학센도 꽤나 유명하기 때문에 두 명 이상 방문했다면 학센도 주문하길 바란다.

맥주를 맛있게 비운 뒤에는 수도원 내부와 상점까지 둘러보고 뮌헨으로 돌아오자.

* **헤페바이젠(Hefeweizen)**: 맥주의 주원료인 보리 이외에 밀이 들어간 '바이젠', 여기에 효모를 뜻하는 '헤페'라는 단어가 붙은 맥주로서 효모를 거르지 않아 색이 탁한 것이 특징이다. 독일 뮌헨 지방에서 발전해온 맥주로서 달콤한 바나나와 정향(치과 약품) 냄새가 난다. '헤페바이스비어'라고도 부른다.

Weihenstephan

_바이엔슈테판

생맥주 케그와 병맥주 박스들이 끝도 없이 펼쳐져 있다

세계에서 가장 오래된 양조장으로 기네스북에 등재되어있으며 밀맥주 분야에서 최고로 평가받는 브루어리, 바이엔슈테판. 양조장은 뮌헨 근교 프라이징Freising 이라는 작은 도시에 위치해 있는데, 뮌헨 공항과 가깝기 때문에 뮌헨 여행 후 한국으로 돌아오는 일정에 맞춰 방문하기에 알맞다.

바이엔슈테판 브루어리 투어는 시음시간을 포함해 약 2시간가량 진행된다.

먼저 다른 브루어리 투어에서도 자주 보았던 양조 설비를 먼저 구경한 뒤 본격적으로 맥주 공장을 둘러보았다. 공장을 들어서니 거대한 물류창고처럼 맥주들이 가득 차 있었는데, 벨기에의 작은 공장들에 비하면 상당히 압도적인 규모였다.

가장 인상에 남았던 것은 병에 맥주가 담기는 공정이었다. 수백 개의 빈 병이 레일에 올라가서 세척과정을 거친 후 맥주가 주입되고 뚜껑이 채워진 후, 맥주

1 레일을 따라 이동하는 맥주병들
2 바이엔슈테판 맥주

라벨까지 붙여지는 과정이 순식간에 진행되었다. 극히 일부의 공정을 제외하고
는 대부분 자동화되어있어서 수백 병의 맥주가 빠르게 완성되는 과정을 지켜볼
수 있었다.

　1시간 반가량 공장을 둘러보니 드디어 기다리던 시음 시간이 왔다. 병에 들
어간 지 2주도 안된 신선한 맥주들을 마실 수 있는 기회! 게다가 100ml의 귀여
운 전용잔도 덩달아 선물로 받게 되었으니 기분 좋은 날이 아닐 수 없다.

🏴 Tip Box
투어시간: 월 10시, 화 10시, 13시 30분, 수 10시
홈페이지 예약 필요: www.weihenstephaner.de/en/our-brewery/brewery-tour/

바이엔슈테판 양조장 바로 옆에는 레스토랑인 브로이스튀베를
바이엔슈테판Bräustüberl Weihenstephan이 위치해있다. 발음하긴 매우 까
다롭지만 투어를 마치고 맥주를 한잔 걸치며 점심 식사를 즐기
기에 안성맞춤인 곳이다. 이곳에 왔다면 반드시 맛봐야 할 맥주
가 있는데 바로 언필터드 필스너Unfiltered Pilsener. 효모를 거르지 않다
보니 유통이 어려워 전 세계에서 오직 이곳에서만 판매하고 있
다. 일반적인 필스너와 다르게 거품이 매우 풍성하고, 효모의 신
선함도 은은하게 느껴졌다. 맥주뿐만 아니라 음식 또한 매우 훌
륭해서 만족스럽게 식사를 즐길 수 있는 레스토랑이다. 식사를
마친 뒤에는 근처에 위치한 상점에 들러서 각종 기념품도 둘러
보자.

맥주 전용잔 Beer Glasses

다양한 맥주를 마시는 것만큼 맥주 마니아들이 관심을 갖는 것은 바로 맥주 전용잔이다. 필자도 이미 100여 개가 훌쩍 넘는 각기 다른 모양의 맥주잔이 부엌 찬장을 가득 채우고 있다. 취미라는 명목으로 모으고 있지만, 전용잔은 맥주를 제대로 즐기기 위한 필수적인 도구이다.

아무 잔에나 마셔도 맛있는 맥주, 왜 전용잔이 따로 필요한 걸까?

투박한 아헬과 곡선이 아름다운 오르발의 전용잔

맥주는 잔의 모양에 따라 향을 느낄 수 있는 정도가 달라지며, 잔에 따를 때 일어나는 거품의 양도 차이가 난다. 또한 맥주의 온도가 변하지 않도록 잔을 두껍게 하거나 별도의 손잡이 부분을 만들기도 하는 등 맥주의 디테일한 특성을 최대한 반영하고 있다. 예를 들어 트라피스트 맥주 전용잔들은 맥주의 진한 향을 느낄 수 있도록 입구의 모양이 커지는 형태이며 잔 모양은 성배를 연상케 하는 것이 특징이다.

이렇듯 대부분의 맥주 전용잔은 해당 맥주 특성을 살려 가장 이상적인 상태로 마실 수 있도록 제작되었다.

그러나 가장 중요한 점은 외형적인 요소가 아닐까 생각한다. 멋진 디자인의 맥주잔에 따

독특한 전용잔의 대표주자 파우웰 콱과 라 코르네의 맥주잔

라 마셨을 때의 차오르는 뿌듯함은 맥주의 맛을 한껏 업그레이드해주기 때문이다.

맥주 여행을 할 때 맥주잔을 관찰하는 것도 쏠쏠한 재미 요소이다. 해당 맥주의 전용잔에 서빙되는지, 같은 브랜드의 맥주라도 전용잔의 종류가 어떤 것이 있는지, 방문한 펍에는 자체 제작한 전용잔이 있는지 등을 살펴볼 수 있고, 잔에 얽힌 이야기까지 발견하는 경우에는 흥미로움은 배가 된다.

또한 맥주의 스타일별로 어울리는 맥주잔의 형태가 정해져있는데, 이는 맥주와 관련된 시험에서 단골 문제로 출제되고 있다. 물론 스타일별로 추천되는 모양의 잔을 골라서 마시는 것도 좋은 방법이지만, 이에 얽매이지 않고 자신이 마음에 드는 잔을 골라 마시는 쪽이 흥을 돋우는 베스트 초이스이지 않을까.

맥주잔을 모으는 방법에는 여러 가지가 있다. 기본적으로는 대형마트에서 전용잔 패키지를 구입하는 방법부터 좀 더 특이한 아이템을 원한다면 바틀샵으로 갈 수도 있다. 펍이나 브루어리에서 직접 구입하거나, 중고장터를 통한 거래도 가능하다.

전용잔 수집의 최종 단계는 바로 해외직구이다. 국내에서는 구하기 힘든 유니크한 잔들을 해외 쇼핑몰에서는 손쉽게 구입할 수 있다. 필자의 경우 한참 전용잔 수집에 빠져있던 시기에 한달 사이 세 차례나 해외직구를 통해 대량으로 잔을 구입했는데, 아이러니하게도 잔 수집에 대한 흥미가 오히려 떨어지게 되었다. 전용잔 하나를 구하기 위해 발품을 팔며 힘들게 수집하면서 뿌듯함을 느꼈던 예전과 달리, 클릭 한 번으로 원하는 잔을 얻을 수 있게 되니, 마치 게임에서 치트키를 사용한 듯한 기분이 들었다. (물론 해외 직구를 통해 모으기 힘들다는 트라피스트 맥주 전용잔을 종류별로 모으는데 성공했지만) 만약 전용잔에 대한 수집욕구를 줄여보고 싶은 사람이 있다면, 해외직구를 해보길 추천한다. 단, 부작용(?)이 생겨 더 빠져들게 될 수도 있음은 주의해야 할 점이다.

트리피스트 맥주 산책으로
방문한 8곳의 전용잔

베네룩스 맥주 산책 준비하기

베네룩스 여행을 위한 기본적인 정보와 팁을 정리하였으니
맥주의 성지로 떠날 여행자들에게 참고가 되길 바란다.

언어

▬ 네덜란드
공용어는 네덜란드어이지만 대부분 영어가 통용된다.

█▌ 벨기에
북부지역은 네덜란드어(플라망어), 남부지역은 프랑스어, 독일 국경 근처 일부 지역은 독일어를 사용한다. 주요 관광지는 대부분 영어가 가능하다.

*플라망어: 벨기에 북쪽에서 사용하는 네덜란드어를 의미. 네덜란드어를 기반으로 한 언어로, 네덜란드어와 약간의 차이가 있지만 거의 유사하다.

▬ 룩셈부르크
공용어는 룩셈부르크어와 프랑스어, 독일어이지만 대부분 영어가 가능하다.

➜ 3국 모두 대부분 지역에서 영어가 통용되므로 영어만 할 줄 안다면 언어 걱정은 크게 없다. 다만 간단한 인사말이나, 메뉴판에 적힌 글자 등을 파악하기 위해서 핸드폰에 회화 및 번역 애플리케이션을 설치해 두자.

일정 짜기

여행 시기
맥주 여행이니만큼 맥주에 어울리는 여름이 가장 좋다. 가을 중순부터 초봄까지는 아예 문을 닫는 브루어리들도 있으며 쉬는 요일이 많다. 가능하면 4~9월 사이에 일정을 잡자.

휴무확인
일부 가게들은 쉬는 날이 없는 경우도 있지만 상당수가 주말이나 특정 요일을 정해 쉬는 경우가 많다. 또한 계절별로 휴무 일정이 달라지기도 하며 저녁 일찍 문을 닫기도 한다. 방문할 펍이나 레스토랑의 홈페이지 등을 통해 휴무일을 정확히 파악해서 일정을 짜는 것이 중요하다.

여행 동선

베네룩스 맥주 산책의 가장 핵심은 6곳의 트라피스트 수도원과 4곳의 대도시가 있는 벨기에이다. 만약 일정이 부족해서 다 돌아볼 수 없는 경우라면 브뤼셀과 안트베르펜은 반드시 포함시켜야 할 도시이며, 트라피스트 수도원은 여행 동선에 따라 몇 곳을 선택하는 것이 좋다. 2주 이상의 일정이라면 12시 방향에 있는 네덜란드 암스테르담을 기점으로 시계방향이나 반시계 방향으로 돌아보면 된다.

여행 동선 예시

❶ 2주 일정 코스 (8곳의 트라피스트 수도원 모두 방문하는 경로)

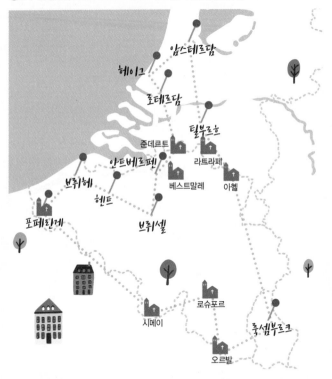

암스테르담 ➜ 헤이그(네덜란드 제3의 도시) ➜ 로테르담(네덜란드 제2의 도시) ➜ 준데르트 ➜ 안트베르펜(인근 베스트말레) ➜ 브뤼셀 ➜ 헨트 ➜ 브뤼헤 ➜ 포페린게(인근 베스트블레테렌) ➜ 시메이 ➜ 로슈포르 ➜ 오르발 ➜ 룩셈부르크 ➜ 아헬 ➜ 틸부르흐(인근 라트라페) ➜ 암스테르담 스키폴 공항

❷ 1주 일정 코스

브뤼셀 공항 도착 ➡ 안트베르펜(1박) ➡ 브뤼셀(2~3박) ➡ 아래 4가지 중 선택 또는
자유 구성

❶ 헨트(1박)+브뤼헤(1박)
❷ 브뤼헤(1박)+포페린게(1박, 베스트블레테렌)
❸ 오르발+시메이(1박)
❹ 준데르트+틸부르흐(1박, 라트라페)

※ 필자가 다녀온 베네룩스 맥주 산책 일정 공유 (2017년)

10/2(월) : 10월 1일 저녁 인천공항에서 출발, 상해를 경유하여 암스테르담 스키
폴공항 도착. 헤이크, 킨더다이크 구경 후 로테르담에서 1박

10/3(화) : 로테르담에서 출발하여 준데르트(Zundert)수도원에 방문한 뒤, 안트
베르펜 도착하여 펍 방문 및 숙박

10/4(수) : 안트베르펜 펍 및 인근에 위치한 베스트말레(WestMalle)수도원 방문

10/5(목) : 안트베르펜에서 브뤼셀로 이동. 브뤼셀에 도착하여 펍 방문 및 숙박

10/6(금) : 브뤼셀 및 인근의 펍과 브루어리 방문

10/7(토) : 브뤼셀 및 인근의 펍과 브루어리 방문

10/8(일) : 브뤼셀에서 헨트로 이동, 헨트에 도착하여 펍 방문 및 숙박

10/9(월) : 헨트에서 브뤼헤로 이동, 브뤼헤에 도착하여 펍 방문 및 숙박

10/10(화) : 브뤼헤에서 포페린게로 이동, 인근에 위치한 베스트블레테렌
(Westvleteren)수도원 방문한 뒤 숙박

10/11(수) : 포페린게에서 시메이로 이동, 시메이(Chimay)의 방문자 센터 호텔에
서 숙박

10/12(목) : 시메이에서 출발하여 로슈포르(Rochefort)수도원과 오르발(Orval)수
도원을 차례로 방문한 뒤, 룩셈부르크에 도착하여 숙박

10/13(금) : 룩셈부르크에서 출발하여 아헬(Achel)수도원에 방문한뒤, 틸부르흐
에 도착. 걸어서인근의 라트라페(La Trappe)수도원 방문 및 숙박

10/14(토) : 틸부르흐에서 암스테르담으로 이동. 암스테르담에 도착하여 펍 방문
및 숙박

10/15(일) : 암스테르담 시내 구경 후 저녁에 스키플공항에서 출발, 10월 16일 점
심 인천 도착

비행기

베네룩스로 가는 직항편이 있는 나라는 네덜란드뿐이다. 벨기에나 룩셈부르크는 경
유해서 가거나, 네덜란드로 입국 후 이동해야 한다. 네덜란드 직항편은 대한항공과
KLM 네덜란드 항공이 운영하고 있으며 다른 항공사들은 경유편을 운영하고 있다.
(네덜란드까지 비행기 티켓은 100만 원 내외이며, 비수기 평일에는 약 70만 원 정도로 저렴해
진다. 필자는 성수기인 연휴기간이라 약 150~200만 원에 가격이 형성되어있었는데, 6개월 이

전에 미리 구입하여 '출국 1회 경유, 귀국 직항'표를 130만 원에 구입할 수 있었다.)

네덜란드와 벨기에를 두루 여행할 계획이라면 네덜란드 암스테르담의 스키폴공항
으로 in, out하는 것을 추천한다.
만약 벨기에만 여행할 계획이라면, 상대적으로 저렴한 파리행 왕복 비행기를 끊고,
기차를 타고 벨기에로 오는 방법도 있다.

숙소를 예약하는 방법은 여러 가지가 있겠지만, 무난하게 호텔예약 사이트를 통해
예약하는 것을 추천한다. 필자의 경우 각 도시별 중심지 근처에 2~3성 수준의 호텔
을 2인 기준 1박에 10만원 내외로 예약할 수 있었다. 다만 암스테르담 시내의 호텔
은 다른 지역대비 3~4배 비싸기 때문에 에어비앤비를 이용했는데, 작은방 하나에
약 25만 원을 지불했다. 비싼 숙박료로 악명이 높은 암스테르담의 숙소를 저렴하게
구하는 것이 가장 중요하다.

책에 소개된 트라피스트 수도원들을 방문하고자 한다면 렌터카는 필수! 베스트말
레 외에는 렌터카 없이 수도원에 방문하기 매우 힘들고 오랜 시간이 소요된다. 또한
벨기에는 우리나라 영토의 약 1/3 크기인 만큼 주요 도시를 이동할 때도 차량을 이
용하는 것이 확실히 편리하다. 만약 1주일 이내로 브뤼셀과 안트베르펜 등 일부 주
요 도시만 둘러보는 경우라면 렌터카 없이도 여행이 가능하다. 하지만 1주일이 넘
는 일정이라면 꼭 렌터카가 필요할 것이다.

내비게이션은 별도 신청할 필요없이, 구글지도의 길찾기 기능을 사용하면 충분하
다. 내비게이션 한글 안내도 해준다.

* 국제면허증 뿐 아니라 한국면허증도 반드시 챙기자.

주유
차량을 수령할 때, 렌트한 차량이 디젤인지 가솔린인지 반드시 체크하자. 주유소에
는 보통 디젤 1종과 가솔린 2종(일반/고급)이 있다.

* 디젤은 Diesel이라고 쓰여 있고, 가솔린은 Gasoline
이라는 표시 대신 주유소별로 브랜드 명이 적혀있다.

무인기계에 신용카드를 넣고 번호를 선택 한 뒤,
해당 번호가 적힌 주유탱크에서 주유하면 된다.
현금으로 주유 할 경우, 먼저 주유를 한 다음에 주
유소 매점에 들어가 주유탱크 번호를 말하고 현
금을 내면 된다(매점에 가서 먼저 현금을 내야 하는 곳
도 있을 수 있다).

주차

갓길 등에 주차했다가 우리나라와는 수준이 다른 벌금폭탄을 맞을 수 있으니 주차비는 철저하게 계산하자.

❶ **길가의 주차구역**: 주차를 하고 무인 기계에서 주차 시간을 선택하고 돈을 넣으면 티켓이 나온다. 이 티켓을 차 앞 유리에 보이도록 놓아두어야 한다.

❷ **주차타워**: 타워에 들어갈 때 주차티켓을 뽑고, 차량이 나갈 때 정산 기계에서 정산을 해야 한다. 정산 기계에 티켓과 돈을 순서대로 넣어 정산이 끝나면, 넣었던 티켓이 다시 나오는데, 이 티켓을 차량 출구 기계에 집어넣으면 차단기가 열린다 (번호 인식이 되는 주차타워인 경우 정산기계에서 티켓이 나오지 않고 출구 차단기가 차량 번호를 인식해 자동으로 열린다). 또한 호텔에서 할인티켓이나 무료티켓을 주는 경우가 있다. 정산하는 기계에서 현금 대신 할인/무료 티켓을 사용하는 방식인 경우도 있고, 차량 출구 기계에 무료티켓과 주차티켓을 차례로 넣으면 차단기가 열리는 방식도 있다. 호텔 직원으로부터 사용방법을 확실히 설명을 듣고 사용하자.

운전 시 유의사항

고속도로에서 추월차로와 주행차로가 확실히 구분되어있으니 추월차로에서 계속 주행하지 않도록 유의한다. 또한 네덜란드와 벨기에 차량들은 상당수가 안전거리를 유지하지 않는 경우가 많으니 주의가 필요하다. 그리고 우리나라와 달리 과속에 엄격하므로 제한속도를 철저히 지켜야 한다. 필자의 경우 제한속도의 10% 이내로 과속을 한 적이 있었는데, 한국에 벌금 고지서가 도착하여 약 25만 원을 내고 말았다. 음주운전은 금물이며, 맥주를 마실 때 일행과 순번을 정해 번갈아 마시도록 하자.

해외에서 데이터를 사용하는 방법은 크게 세 가지로, 한국 통신사 데이터로밍, 포켓 와이파이, 현지 유심이 있다. 이 중 가장 경제적인 방법은 현지 유심으로써, 우리나라에서 미리 구입 해 놓고, 해외에 도착하면 유심칩을 꼽기만 하면 된다. 포털에 '유럽유심'을 검색하면 몇 가지 업체가 나오고 기간에 따른 요금종류도 다양하다. 필자는 쓰리심의 30일 5GB를 2만 원대에 구입하였는데 베네룩스 3국에서 큰 문제없이 잘 사용하였다(물론 시내에서 많이 벗어난 외곽지역의 경우는 끊기는 경우도 있었다). 유럽여행을 다녀온 지인의 유심칩을 받아 사용하거나, 중고장터에서 기간이 남은 유심칩을 구입하는 것도 경비를 절약하는 팁이다.

세 나라 모두 유로를 사용하기 때문에 편리하다. 한국에서 은행 애플리케이션 등을 활용하여 90% 환율우대를 받고 환전하자 (굳이 서울역 환전센터로 갈 필요는 없다). 또한 주유소에서 사용하거나, 여행자금이 부족할 경우를 대비하여 신용카드도 준비해가자.

전압

네덜란드는 230V, 벨기에와 룩셈부르크는 220V로 세 국가 모두 한국제품을 그대로 사용할 수 있다. 핸드폰과 전자제품들의 충전을 위해 휴대용 멀티탭 정도만 챙겨가자.

기타

❶ 팁 문화는 기본적으로 없는 편이지만, 레스토랑의 경우 작은 잔돈 정도는 놓고 가는 것도 좋다.

❷ 다른 유럽 국가와 마찬가지로 공중화장실은 거의 찾기 힘들다. 기차역, 쇼핑몰 등에 있는 화장실도 0.5유로~1유로의 돈을 내야 이용이 가능하다. 여행 중 레스토랑이나 카페 등에 들렀을 때 수시로 화장실을 다녀오는 것이 좋다.

구글 내지도

해외여행 중 구글지도는 필수적이다. 구글지도에 즐겨찾기를 해 놓는 것도 좋은 방법이지만, '구글 내지도'를 추천한다. 즐겨찾기만 가능한 구글지도와 달리, 구글 내지도는 내 마음대로 카테고리를 구분하고 여러 아이콘을 사용하여 장소를 등록할 수 있어 편리하다. 여행을 준비하는 동안 구글 내지도에 가고 싶은 곳들을 등록하면서 자연스럽게 여행 공부도 된다.

필자가 베네룩스 맥주 산책동안 사용했던 구글 내지도를 공유한다.
goo.gl/nDCTeG

레이트비어 RateBeer

레이트비어는 유명한 맥주 평가 사이트 중 하나이다. 수많은 맥주에 대한 평가가 나와 있으며 각 여행지별로 브루어리와 펍, 레스토랑에 대한 평점도 볼 수 있다. 레이트비어에 나온 점수가 정답은 아니지만, 참고하기에는 무리가 없다.

RateBeer

비용

2인 기준 2주 동안의 기본적인 여행경비 예시 (원)
비행기 2,600,000
숙박비 1,500,000 (13박)
차량비 1,500,000 (소형차 렌트비 100만 원, 주유비와 주차비 각 25만 원)
기타비용 100,000 (유심, 국제면허증 발급수수료, 여행자보험 등)

여행 기간 동안 맥주를 포함한 식비 및 쇼핑 비용 등은 여행 스타일별로 많은 차이가 있을 것이다. 필자의 경우 넉넉하게 2주간 약 350만 원 정도를 사용했다.

항공권과 숙박 및 렌트비는 여행 시기에 따라 변동이 있을 수 있으나 대략적으로 정리해보면 2인 기준 2주 동안의 총비용은 약 700~900만 원 정도로 예상된다.

※ 베네룩스 맥주 산책에 대한 추가적인 후기는 필자의 블로그(hakjubi.com)를 참고하기 바란다(궁금한 사항은 블로그에 댓글을 남겨주시면 성심껏 답변드리겠습니다).

'맥주'의 매력은 무엇일까?

각자 나름의 이유가 있겠지만 내가 빠져든 맥주의 가장 큰 매력은 바로 다양성이다. 맥주는 크게 100여 개의 스타일로 구분되지만, 실제로는 재료의 종류와 비율, 양조방법 등에 따라서 무한대의 스타일이 탄생할 수 있다. 새로운 맥주를 만날 때마다 솟아나는 궁금함은 또 다른 맥주에 대한 호기심으로 끊임없이 이어진다.

천천히 취한다는 것도 맥주의 큰 장점이다. 금세 취해버리는 소주와는 달리 적당한 도수를 가지고 있어서 술 자체의 맛을 충분히 음미하면서 서서히 기분 좋게 취할 수 있다. 마지막으로 맥주의 빼놓을 수 없는 매력은 바로 '사람'이 아닐까. 맥주를 인연으로 좋은 사람들을 계속해서 만나게 되고, 그들과 이야기를 나누다 보면 어느새 맥주뿐만 아니라 좋은 사람들에게 취하게 되기 때문이다.

그래서 '맥주'라는 취미는 참 좋은 것 같다. 맥주 한 잔을 통해 지친 하루의 피로를 가볍게 풀 수도 있고, 어느 곳에 여행을 가든 맛있는 맥

주를 찾아다니는 것 또한 여행의 큰 재미요소가 된다.

최근 한국 크래프트 맥주산업은 크게 성장하고 있다. 2018년 현재 100개가 넘는 양조회사가 있으며, 맥주 박람회와 축제 등도 활발히 일어나고 있다. 이미 주요 시내에서는 다양한 펍을 돌아다니며 맥주투어를 즐길 수 있고, 서울과 부산 등 대도시는 물론 강릉, 속초, 제천 등 전국 방방곡곡에 양조장이 세워져 있어서 이제는 국내 어디로 떠나든 맥주를 테마로 한 여행이 어렵지 않다. 지금과 같은 기세가 이어진다면 약간의 과장을 더해 크래프트 맥주의 최강자 미국을 따라잡는 것도 불가능한 일만은 아닐 것이라고 생각한다. 다만 크래프트 맥주 성장을 가로막는 주세법이 조금씩 개선되었으면 하는 바람이 있다. 그래도 시간이 갈수록 주세법이 완화되는 움직임이 나타나고 있어서 다행이라는 생각이 든다.

마지막으로 베네룩스 맥주 산책이 나오기까지 도움을 주신 분들께 감사의 말씀을 전한다.

먼저 이번 여행을 함께 하면서 맥주를 나에게 양보하고 운전을 도맡아준 아내에게 가장 큰 고마움을 전한다. 그리고 늘 응원해주시는 아버지, 어머니, 아버님, 어머님께도 감사드린다.

책을 펴내는데 많은 도움을 준 메이드마인드 강준기 대표님과 비어라이킷 정재훈 대표님, (주)베스트바이엔베버리지 관계자분들과 바이엔슈테판 아포스텔, 그리고 맥주야놀자 카페와 블로그 이웃분들, 인스타그램 팔로워 분들께도 감사드린다.

다음 맥주 산책의 목적지는 크래프트 맥주의 원천지인 미국 서부이며, 앞으로도 나의 맥주 산책은 계속될 것이다. 전 세계의 맥주 성지를 모두 산책할 때까지!

1코스. 맥주 산책을 베네룩스에서?

https://commons.wikimedia.org/wiki/File:Benelux_schematic_map.svg

https://en.wikipedia.org/wiki/Trappist_beer

https://en.wikipedia.org/wiki/Alcohol_belts_of_Europe

http://ggtour.or.kr/blog/tour_theme

http://blog.daum.net/jich15/127

https://en.wikipedia.org/wiki/Belgian_Revolution

2코스. 학저비의 맥주 이야기

https://belgianbeerjournal.com/sticker-st-bernardus

https://www.otterstears.beer/category/events

http://www.trappist.be/en/pages

https://en.wikipedia.org/wiki/Trappist_beer

https://liquiddiets.wordpress.com/2010/03/17/leffe-blonde-abbey-ale

3코스. 최고의 맥주가 탄생하는 곳, 트라피스트 수도원을 찾아서

https://www.kunstinzicht.nl/beelden/foto59066.jpg

https://media-cdn.tripadvisor.com/media/photo-s/10/7c/b6/f2/kieviet-aan-de-ijssel.jpg

https://static.btcdn.co/1258/large/322782-product-image2.jpg

https://static.btcdn.co/1258/large/322783-product-image1.jpg

http://www.vicespy.com/trappistes-rochefort/

http://www.gva.be/cnt/aid1003941/brand-in-abdij-van-rochefort

www.orval.be/en/23/Legend-of-Orval

www.merchantduvin.com/brew-orval-trappist.php

http://doctorale.com/en/trappists-or-the-legendary-belgian-beers

https://www.ourcellar.com.au/leffe-half-blond-half-brune-24-x-330ml-bottles

https://www.latrappetrappist.com/en/our-story/history

https://www.latrappetrappist.com/en/our-trappist-ales

https://store.belgianshop.com/geuze-lambic-fruits/1802-118-3-fonteinen-cuvee-armand-gaston-6-34l.html

https://www.belgianbeerfactory.com/en/belgian-beer/per-brewery/

lindemans/

4코스. 달콤한 예술의 도시 – 브뤼셀

http://drinkbelgianbeer.com/breweries/new-3-fonteinen-and-lambik-o-droom-site-set-to-open-september-1st

http://http://www.oudbeersel.com/en/brewery/introduction

http://www.dorst.be/welkom/awards

https://store.belgianshop.com/special-beers/1062-struise-pannepot-10-13l.html

http://www.dorst.be/welkom/awards

https://store.belgianshop.com/special-beers/1062-struise-pannepot-10-13l.html

http://www.belgianbeerschiangmai.com/shop/kwak

http://www.belgianbeerschiangmai.com/shop/karmeliet-triple

http://www.belgianbeerschiangmai.com/shop/deus

5코스. 찬란한 아름다움에 취하다 – 안트베르펜

www.beeradvocate.com/archived-articles/672

https://www.billiescraftbeerfest.be

BeerloversBar1.jpg :http://www.beerlovers.be/beerlovers-bar/

http://www.gullivertaverns.co.uk/Breweries/Belgium_Breweries/De_Koninck/De_Koninck_Brewery.html

http://janregale.be/de-koninck/

6코스. 중세의 시간이 흐르는 운하도시 – 헨트

http://www.gruut.be

http://www.gruut.be/nl/OverOns/Index/137/middeleeuwse-kruiden

http://www.gruut.be/nl/OverOns/Index/165/anamorfose

https://twitter.com/hashtag/anamorfose

7코스. 동화 속을 걷는 낭만의 도시 – 브뤼헤

https://www.bruggelokaal.be/artikel/gemeentelijke-spotnamen

http://www.brugsbeertje.be/index_en.htm

https://www.awayweglobe.com/the-latest/2014/9/15/bruges-belgium
https://www.halvemaan.be/nl/media
https://en.wikipedia.org/wiki/Gambrinus
www.flickr.com/photos/brostad/8722930942
www.tripadvisor.com/LocationPhotoDirectLink-g188671-d4295035-
i180022884-Le_Trappiste-Bruges_West_Flanders_Province.html
:www.bourgognedesflandres.be
http://www.hopmuseum.be/en/discover/museum/cultivation
http://www.poperingebierfestival.be

8코스. 벨기에 비밀 산책로

1. http://www.sintbernardus.be
2. https://www.catawiki.fr/catalog/etiquettes-de-biere/brasserie/st-bernard-
watou/4171847-st-sixtus-abdij-12
https://www.gadventures.com/blog/st-bernardus-and-westvleteren-a-tale-of-
two-beers
https://www.beverfood.com/st-bernardus-spegne-25-candeline_zwd_86068
http://www.extreme-beers.com/en/de-struise-brouwers-struise-xxx-rye-quad-
reserva-b.html
http://www.refinedguy.com/2012/10/31/strongest-beers-in-the-world
http://www.brasserie-dupont.com/fr/beer/saison-dupont

9코스. 자유의 도시에서 펍투어를 즐겨보자! – 암스테르담

https://pubcrawlsamsterdam.com
http://www.grangeroyals.org.au/calendar/index.cfm?fuseaction=Display_Mai
n&EventID=52950&CalendarID=0&OrgID=11595
https://pubcrawlsamsterdam.com/
https://s-media-cache-ak0.pinimg.com/originals/53/bf/38/53bf38085fe9b66af
09484ad8066e056.jpg

10코스. 유럽의 골동품 – 룩셈부르크

https://www.google.co.kr/maps/place/Liquid+Bar

11코스. 국내 벨기에 맥주의 성지들

http://www.oktoberfest.co.kr/
https://www.facebook.com/CraftworksKorea

12코스. 세계 최대의 맥주 파티가 벌어지는 곳 – 뮌헨

https://www.beercartel.com.au/achel-beer-glass-goblet/
https://www.beercartel.com.au/orval-beer-glass/
https://www.lablondedesflandres.fr/les-bieres/57-kwak.html
https://www.lablondedesflandres.fr/autour-de-la-biere/128-verre-corne.html

13코스. 베네룩스 맥주 산책 준비하기

http://study.zum.com/book/12662
https://www.petrol-sign.nl/en/illuminated-advertising/mid-price-masts

베네룩스 맥주 산책
트라피스트를 찾아 떠나는 유럽여행

1판2쇄 발행 2018년 6월 25일

지은이 이현수
펴낸이 강준기
펴낸곳 메이드마인드
디자인 이프 디자인
감   수 진원녕

주소 서울시 마포구 대흥동 241-35호
주문 및 전화 0507-1470-3535
팩스 0505-333-3535
이메일 mademindbooks@naver.com
출판등록 2016년 4월 21일 제2016-000117호
ISBN 979-11-959242-8-8 (03000)